講談社文庫

アマゾンの料理人

世界一の〝美味しい〟を探して僕が行き着いた場所

太田哲雄

JN043271

講談社

アマゾンの料理人

世界一の〝美味しい〟を探して僕が行き着いた場所

Tetsuo Ota

太田哲雄

アマゾンの料理人 目次

Contents

はじめに

そうだ！
料理人になろう

ペルーの首都リマから長距離バスに揺られること三時間。バスから降りると、そこには寒々とした砂地が広がっていた。

「いや、ムリ」

かろうじて視界の端に映ったのは、破れたトタン屋根のボロ家と、いまにも倒れそうな電柱、ワルそうな野犬たちの群れ……。

これからすっかり、その魅力にとりつかれてしまうことになるこの国で、初めて目にしたのは、見渡す限り砂が舞うこの光景だった。

ヨーロッパで十年近く料理修業していた僕は、最後の修業の地として南米のペルーを選んだ。

ここ数年、南米は世界中のグルメたちから、新しい美食の地として注目を集めている。とりわけペルーは、アンデスの山岳地帯と熱帯雨林のアマゾン、長い海岸線をもつ食材の宝庫だ。

「どんな料理と出会えるんだろう」とやる気まんまんで乗り込んできたはずだったのに、この光景を前に、僕の心は、あっけなく折れそうになった。

新店のオープニングパーティにて、ガストン・アクリオ氏（左）と。

町の名は、**サン・ルイス・デ・カニェテ**[注1]。ペルーの首都リマから海岸線を南に二百キロほど下ったところにあるこの町に来たのには、もちろん理由がある。

そもそもペルーに興味をもったのは、カリスマシェフ、**ガストン・アクリオ**[注2]の存在が大きい。「**世界のベストレストラン50**[注3]」で上位にランクインしている「アストリッド・イ・ガストン」を率い、「料理の力で、国を動かす」と言われるこの男に、どうしても会ってみたかったのだ。

しかし、僕にはここで思い出すべき経験があった。「世界一予約が取れない」と言われたスペインの「**エル・ブジ**[注4]」で修業していたときのこと。

天才シェフ、フェラン・アドリアの独創的な料理を学ぼうと世界中からやってきた研修生たちとともに調理場に立つ刺激的な毎日ではあったが、僕はなぜか咀嚼《そしゃく》しきれずにいた。

「エル・ブジ」のクリエイティブな料理は、地元カタルーニャの郷土料理をベースにしている。上手《うま》く咀嚼できなかったのは、スペインのこともカタルーニャの郷土料理のことも知らないまま調理場に立っていたからだ。

僕は、まずペルーの郷土料理を知る必要がある。そこで向かったのが、カニェテで四十年以上営業を続ける「エル・ピロート」[注5]だった。

砂漠にあるこの店の調理場で僕を迎えてくれたのは、ペルーの元気な食材たち。珍しい魚、鮮やかな色をしたフルーツ、何種類もある唐辛子は、日本とはそれぞれ色も形もまったく違う。好奇心いっぱいだった僕は、これを見るなり不安が一気に吹き飛んだ。

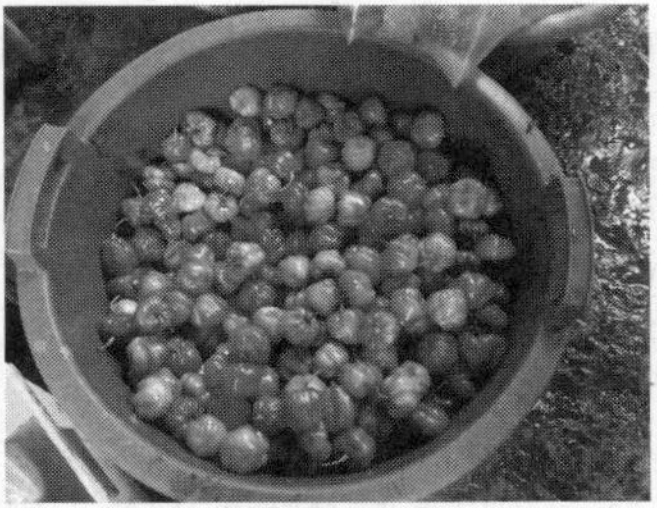
ペルーやアマゾンの料理には欠かせない彩り豊かな唐辛子。

アマゾン川の魚も、グリルされて市場に並ぶ。

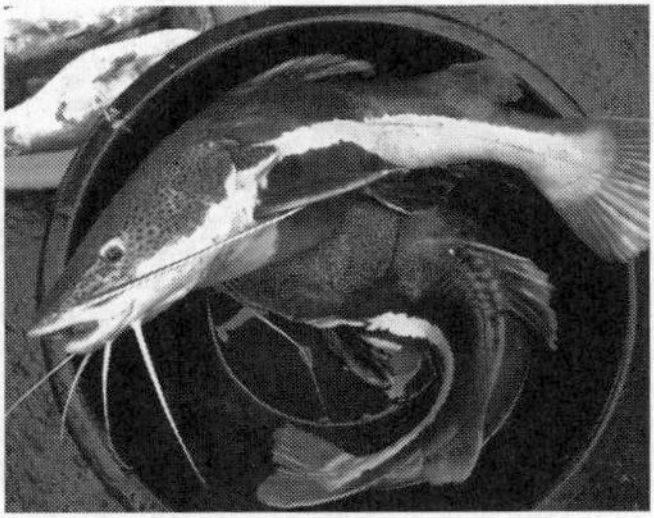
最大で1.5メートルにもなるナマズの一種。

店で僕が最初に取りかかったのは、唐辛子の掃除だ。専用の手袋をして、ひとつひとつ種を取り、白い筋をていねいに取り除く。

それが終わったら、大鍋で三回くらいゆでこぼし、皮がペロッとはがれたところで、ペーストにする。ここでは、ペルー料理の基礎をイチから教わることができた。

リマの一流レストランでアマゾン産食材と出会う

そして念願の「アストリッド・イ・ガストン」へ。「エル・ブジ」にいたときのような迷いはもうない。ペルーの食材をふんだんに使う料理を毎日懸命に作った。

この店の調理場で、とりわけ僕の目を引いたのが、ペルー各地から届く食材だった。魚も野菜もフルーツも、僕がこれまで見たこともないようなものばかりなのだ。

たとえば、アマゾンから届く「ガジーナ・デ・チャクラ」と呼ばれる鶏は、肉が真っ黄色でとてもいい出汁《だし》がでる。原種に近く、鶏は本来こんなに味が濃いのだ。品種改良を繰り返しながら肉質のいいブランド鶏を作り上げるやり方もあるだろうが、僕はやはり自然の力強さに魅了される。

フルーツも同じだ。ペルーでおなじみのフルーツ、チリモヤ[注6]の原種なんて、真っ黄色で黒い斑点がついている。これを食べたら死ぬんじゃないかと不安になるような

市場で売られている原種に近い鶏「ガジーナ・デ・チャクラ」。

毒々しさだが、香りも味もとてもクリア。高級フルーツによくある、一口食べて夢中になってしまうような過剰な甘さとは違う。

アマゾンでおなじみの体長三メートルもある淡水魚の王者ピラルクやヤシの新芽チョンタもここで初めて見た。興奮した僕は、こうした食材と出会うたび仲間たちに質問を浴びせたけれど、誰も答えてくれる人はいなかった。アマゾン系ペルー料理は、手に入る文献が乏しく、ペルー国内でもあまり知られていないのだ。

アマゾンに行けば、もっと珍しい食材と出会える。狩りや魚を釣り上げる現場を見ることもできるし、それらを解体して調理する場にも立ち会えるはずだ。

いつかアマゾンへ行こう。そんな想《おも》いがいつしか胸に宿っていた。

ワニもピラニアもヤギも絶賛売り出し中！

ペルーでの修業を終えて、僕はふたたびイタリアへ渡った。ミラノで自分の店を出そうと思ったのだ。事業計画を練り、物件探しを始めたが、なかなか条件にあうものが見つからない。あらゆる方法を模索したが、最終的には断念せざるを得なかった。今はまだその時期ではないのだ。

僕は、十一年ぶりに日本への帰国を決めた。だがその前に、どうしても行きたいところがある。アマゾンだ。

アマゾンへはどうやって行けばいいんだろう。そもそもどこを目指せばいいんだろう。アマゾンは、ペルー国土の六割を占めるほど広大なのだ。旅の計画はまずそこからだった。

とりあえず僕は、〝アマゾンの玄関口〟と呼ばれているイキトスに向かうことにした。その先のことは着いてから考えればいい。ここには、「この世のすべてが揃う」と言われる市場があり、前から行ってみたいと思っていたのだ。

イキトスに着いてすぐ、僕はベレン・アルタ地区のスラム街にある市場へと向かった。そこには、息を呑むような光景が広がっていた。

屋台に並んでいるのは、巨大なピラルク、その横には、ピラニアやカメ。足もとには、バケツいっぱいの川エビ。かたわらでは、おばちゃんがナタを振り回してワニをぶった切りにしている。

野菜やフルーツだって山ほどある。

色とりどりの唐辛子やスターフルーツ、アサイー、タピオカ、ココナッツ、房ではなく茎ごと売られるバナナ。薬のような謎の粉末や液体も。

にぎやかだと思ったら、生きたままの鶏や鴨《かも》が、狭いカゴのなかでバタバタと動きまわっている。サルもヤギも路上に繋《つな》がれた状態で、売り出し中だ。

残酷？　とんでもない。家庭で食べる直前に解体された動物たちは、皮も骨も内臓もすべて人間の生活の糧《かて》となる。ワニだって、ただ皮を剥がされて財布になるよりは、ずっと幸せだろう。

市場では、小学生くらいの子どももバリバリと働いている。痛々しさなんて微塵《みじん》も感じさせない。

さらに進むと、サルの骸骨《がいこつ》が積み上げられ、台の上にはヘビの剝製《はくせい》が。まさにカオス。なんでもあり。

初めて触れた、怪しげなパワーにめまいがしそうになった。が、ぼんやりしている場合ではない。僕は、アマゾンに行くんだ。

イキトスの旅行会社では、アマゾンツアーがいちばんの人気商品だ。ところが、内容を聞くと、ほとんどがツーリスト向けのロッジに一、二泊して、旅行会社が用意したアクティビティを体験するというもの。僕がやりたいのは、アマゾンの人たちと生活をともにすることだけど、そんなツアーはどこにもない。

途方に暮れていたとき、ふらりと入ったボロボロの旅行会社のオフィスでようやく「オレが案内してやるよ！」という男と出会った。信用していいのか？　いい。大丈夫。僕の直感は、即GOサインを出した。

川を上って、いよいよアマゾンへ！

翌朝、男と二人で舟に乗り、アマゾン川を北上する。

「いよいよアマゾンだ」と意気込んでいたら、三時間ほど行ったところで、男は僕の肩を叩《たた》いて「じゃあな！」と去っていった。あれ？　僕はどうなるの？

横を見ると、隣には、前歯が四本くらい欠けた素足のおっさんが立っていた。次は、どうやらこのおっさんに付いて行くらしい。そこからまた舟に乗って、数時間。たどり着いた小屋には、十三人の子どもたちとお母さんが暮らしていた。お父さんは、何日か前に毒ヘビに噛《か》まれたらしくて、別の小屋でウンウン唸《うな》っている。だけど、ちっとも深刻な感じがしないのは、アマゾンではそれも日常のひとコマだからなのだろう。僕は子どもたちと、ペットのナマケモノと一緒に床についた。

こうして僕の初めてのアマゾン暮らしが始まった。

庭で飼っている鶏をしめるのは、まさに朝めし前。さばいたばかりの生温かい肉を薪火で焼く。

ハチミツが欲しければ、森へ。ハチの巣を見つけてそっとナイフを入れると、ハチミツがこぼれ出してくる。そっと口に入れたら、ビックリするほどクリア。これまで食べたどのハチミツよりもすっと舌になじむ甘さだ。現地の人たちは、必要な量がとれたら、巣に木でそっと蓋をして村に戻る。

アマゾンの流儀を笑顔で教えてくれた案内人は、ハチに刺された途端、怒り狂って手にしていた棒でハチの巣をたたき落としてしまった。そんなこともある。

アマゾンの人たちの大好物と言えば「スリ」。ゾウムシの幼虫で、大きさは鶏の卵くらい。セミの幼虫みたいに、茶色い殻でおおわれている。昆虫は、アマゾンの人たちにとっては大切なタンパク源。彼らは森を歩いているときにスリを見つけると、大喜びで手にとり、パクッと食いつく。

アマゾンは食材の宝庫だが、毎日美味《おい》しいものをお腹《なか》いっぱい食べられるわけではないし、今日はパスタ、明日はステーキと食べたい料理を選べるわけでもない。

二十四時間営業のコンビニなんて存在するはずもないが、市場ですら近くにないのが当たり前。自分たちが食べるものは、狩りや漁をして自分たちで手に入れるしかない。

その狩りだって、深夜、毒グモや毒ヘビたちがいるような場所に弓矢をたずさえ、一時間近くかけて歩いて行くのだから、まさに命がけだ。

しかも必ず収獲があるとは限らない。アマゾンで乱獲が問題になることもあるが、それは外部から来た人たちの仕業だろう。住民たちは銃を使わないから、そもそも乱獲と言えるほどの収獲はないのだ。

四度のアマゾン通いで考えた料理人としての使命

アマゾン滞在を終えると、僕は、十一年に及ぶ海外生活に終止符を打った。東京でしばらく料理人として活動した後、現在は、軽井沢を拠点にしている。

アマゾンへはその後もたびたび足を運んでいる。チョコレートの原料となるカカオで生計を立てる村や、金の採掘を行う村にも滞在したし、青山の「フロリレージュ」のシェフ川手《かわて》寛康《ひろやす》さん[注7]から頼まれて、アマゾン〝どS〟ツアーも実施した。アマゾン産カカオと湧き水を使ったスイーツ「フォンダンカカオ」や「カカオナッツペースト」、「キャラメルポップコーン」も販売中だ。

欧米の一流シェフたちの多くは、自身の作品として料理を作り、ミシュランの星や「世界のベストレストラン50」で、評価を上げることに夢中になっている。かつては僕も、最先端のクリエイティブな料理に憧れた。スペインの「エル・ブジ」で修業もしたし、ミシュランの星付きの店をすごいと思う感覚もあった。

だけど、アマゾンに通うようになって価値観が大きく変わった。

そこでの暮らしは、野性的、イコール野蛮ととられることもある。食事でもテーブルマナーはほとんど存在せず、立ったまま手づかみでムシャムシャ食べることも多い。

だけど僕は、道に座り込んで一心不乱に骨つきチキンにかぶりつく人たちの貪欲さに、心を動かされる。この人たちの力強さには勝てない、と思うのだ。

僕は、調理場にこもってストイックに料理を追求したいとは思わない。料理人が主役になるような料理を作るのではなくて、料理を通じて、人と人、人と社会の関係を築いていきたいのだ。

長野から東京の一流レストランに通った高校時代

僕が料理に興味をもち始めたのは、長野県白馬村にいた高校生の頃だ。

当時、テレビ番組「料理の鉄人」が大人気で、欠かさず見ていた僕は、一流シェフたちの料理が、どうしても食べてみたくなり、アルバイトでお金を貯《た》めて、東京への食べ歩き遠征をスタート。五千円もするような食事に付き合ってくれる友人はいないので、ひとりでスーツを着て、週末のたびにいそいそと出かけていた。

当時、訪れたのは、フレンチでは、青山の「ジョエル[注8]」や三田の「コート・ドール[注9]」、イタリアンでは、西麻布の「アルポルト[注10]」や広尾の「マリーエ[注11]」、青山の「リストランテ・ヒロ[注12]」など。名だたるシェフたちの店は、どこも輝いていた。すでにその頃、料理人という職業に、興味をもってはいたのだと思う。だけど、まだ僕は食べる側にいた。

高校卒業後、イタリアに語学留学したのは、スキーをやっている弟が、幼い頃から海外遠征を繰り返していたので、自分も海外に出たい、という気持ちが強かったからだ。

もちろん、一流シェフたちの多くが海外での修業経験があることも知っていた。実家が白馬村で営んでいるペンションには、自転車やスキーの国際試合に出場する外国選手がよく宿泊し、彼らと交流していたことも大きかった。

行き先は、当初フランスを考えていたが、うちに宿泊中の外国選手に話したところ、「フランスなんてとんでもないよ。絶対にイタリアがいいって。何を食べても美味しいし、物価も安いし」と懸命に口説いてくる。彼は、もちろんイタリア人だ。

「全部、僕が手配してあげるから」という言葉を信じて、行き先をイタリアに変えたのに、やっぱり、イタリア人の本気は口説くときだけだ。留学先探しは、イチから自分でやった。

決めたのは、エミリア・ロマーニャ州リミニ[注13]にある語学学校。パンフレットでは、国際色豊かな四十人くらいの生徒が、教室で和気あいあいと授業を受けていた。夜にはパーティーもあるらしい。

しかし、現地へ行くと、生徒はたったの四人しかいなかった。

しかも僕以外は全員が上級者で、授業では、すでに仮定法や未来形をやっている。パーティーどころか、授業すらまったく楽しめない。先生が、僕のため特別に補習授業をしてくれたけど、どう頑張ってもクラスメートに追いつくのは難しい。

イタリアへの語学留学中も食べ歩き三昧

悶々《もんもん》とする日々のなか、食べ歩き熱が再燃し、休みのたびにリミニを飛び出した。

当時はスマホもなく、宿やレストランの予約は、公衆電話から。予約のときに必要な会話を自分でメモに書いて、懸命にダイヤルを回した。

最初に訪れたのは、ヴェネツィアの「ハリーズ・バー」[注14]。作家のヘミングウェイをはじめ、セレブたちのお気に入りとして知られるレストランだ。

そこはまさに大人たちの社交場だった。テーブルには、磨き込まれた銀食器が置かれ、サービス担当の黒服たちの立ち居振る舞いは、とてもエレガント。

うっとりしていると、オーダーしたラビオリが運ばれてきた。黒服の給仕がパルミジャーノを削りながら振りかけてくれるのをじっと見ていたら、あっという間にラビオリが見えなくなり、目の前にチーズの山ができていた。

「ん？」と思って、給仕の顔を見上げたら、イタリア語で「ストップ？」って。

彼は、最初に「ストップと言ってね」と告げていたのに、僕はイタリア語が聞き取れなかったのだ。パルミジャーノの山をかきわけて食べたラビオリは、じつに美味しかった。

テノール歌手のパヴァロッティがお気に入りの「ゼッフィリーノ」注15を目指して、ジェノヴァまで行ったこともある。

名物のジェノヴェーゼパスタを堪能《たんのう》し大満足で店を出たところで異変が起きた。出口のところでスタッフ全員が整列している。どうやら僕を見送ってくれるらしい。一人ひとりと握手して別れの挨拶を交わす十代の僕。「いったいオレは、どこのセレブだよ？」と思いながら……。

旅先では、たくさんの出会いもあった。あの頃は、たどたどしいイタリア語で、笑っちゃうほどバカていねいな自己紹介をしていた。

親しくなると、イタリア人は自宅に招いてくれる。ヴェネツィアでは、おじさんと一緒にイカ釣りをして、そのまま自宅で奥さんにスミイカのパスタを作ってもらったこともある。

あっという間に留学期間の三ヵ月が過ぎていった。食べ歩き遠征の合間に、学校に通うような暮らしは、そろそろ終わりだ。

「帰国したら、またアルバイトでもしてお金を貯めて、次はフランスかな」

そんなことを考えていたとき、思い出したのは、語学学校の先生の言葉だった。

「そんなに料理が好きなら、料理人になりなさい」

それも悪くない。

僕の料理人としての人生が始まった。

注1 首都リマから南に二百キロ下ったところにある町で、観光客がバスでナスカの地上絵を訪れる際の通り道となっている。かつては日系移民も多く、ペルーで初めて日本の農業学校や神社ができた町でもある。

注2 一九六七年生まれ。ペルーのカリスマシェフで、ペルーの料理を世界に向けて発信。地元食材に関心をもち、生産者を尊重する姿勢が共感を呼ぶ。貧しい子どもたちも料理を学べる学校を設立するなど、ペルーの人たちに大きな希望を与えている。

注3 年に一回、イギリスのグルメ誌「レストラン・マガジン」が発表する世界のレストランランキング。ランキングは、世界の食のプロたちの投票で決まる。二〇一九年度版で日本勢トップは、十一位の「傳」。

注4 天才シェフ、フェラン・アドリアが率いる、スペインのカタルーニャ地方にあったレストラン。科学的な知識を駆使した独創的な料理は、料理界に一大旋風を巻き起こしたが、二〇一一年七月に閉店した。

注5 ペルーの地方都市カニェテにあるレストランで、ペルーの伝統的な料理を提供。ナスカの地上絵から近く、日本人観光客も多く訪れる。一九七一年創業。

注6 ペルーやエクアドルが原産地とされるフルーツで、大きさは野球のボールかそれより少し大きいくらい。一般的には、外皮は緑で鱗《うろこ》のような模様がある。果肉は白くクリーミーで、濃厚な甘みが特徴。「森のアイスクリーム」と呼ばれることもある。

注7 レストラン「フロリレージュ」のシェフ。父も叔父もすべて料理人という環境で育つ。高校卒業後、フレンチレストランで修業し渡仏《とふつ》。帰国後、オープン間もない「カンテサンス」で修業。三ツ星獲得に立ち会う。二〇〇九年に「フロリレージュ」をオープンし、二〇一五年に現在の場所に移転。いまの食のあり方を提案し続けている。

注8 青山で二十六年続いたフレンチレストラン。シェフのジョエル・ブリュアンは、三ツ星シェフ、ポール・ボキューズの弟子で、日本に正統派フランス料理を伝えた。二〇〇七年閉店。

注9 三田にあるフレンチレストラン。パリの名店「ランブロワジー」で修業した斉須政雄《さいすまさお》が、一九八六年に

オープン。スペシャリテは「赤ピーマンのムース」。

注10　一九八三年、西麻布にオープンしたイタリアンレストラン。シェフは、片岡護《まもる》。

注11　かつて広尾にあったイタリアンレストラン。アルポルトの片岡護や、銀座の「リストランテ　エッフェ」の小林幸司がシェフを務めていた。

注12　一九九五年、青山にオープンしたイタリアンレストラン。当時のシェフは、山田宏巳《ひろみ》。

注13　イタリア北部にあり、パルマの生ハムや、チーズのパルミジャーノ・レジャーノ、手打ちパスタなど美食の州として知られる。リミニは、アドリア海沿いにある小さな街。

注14　一九三一年にヴェネツィアで創業したレストラン。一階はバーで二階がレストランになっている。牛肉を使った「カルパッチョ」や、桃のカクテル「ベリーニ」はこの店で生まれた。

注15　一九三九年にジェノヴァで創業したレストラン。パヴァロッティの他、フランク・シナトラも通ったと言われる。バジルと松の実を使ったジェノヴェーゼソースが有名。

第1章

冷たいシャワーとパスタ修業

Italy

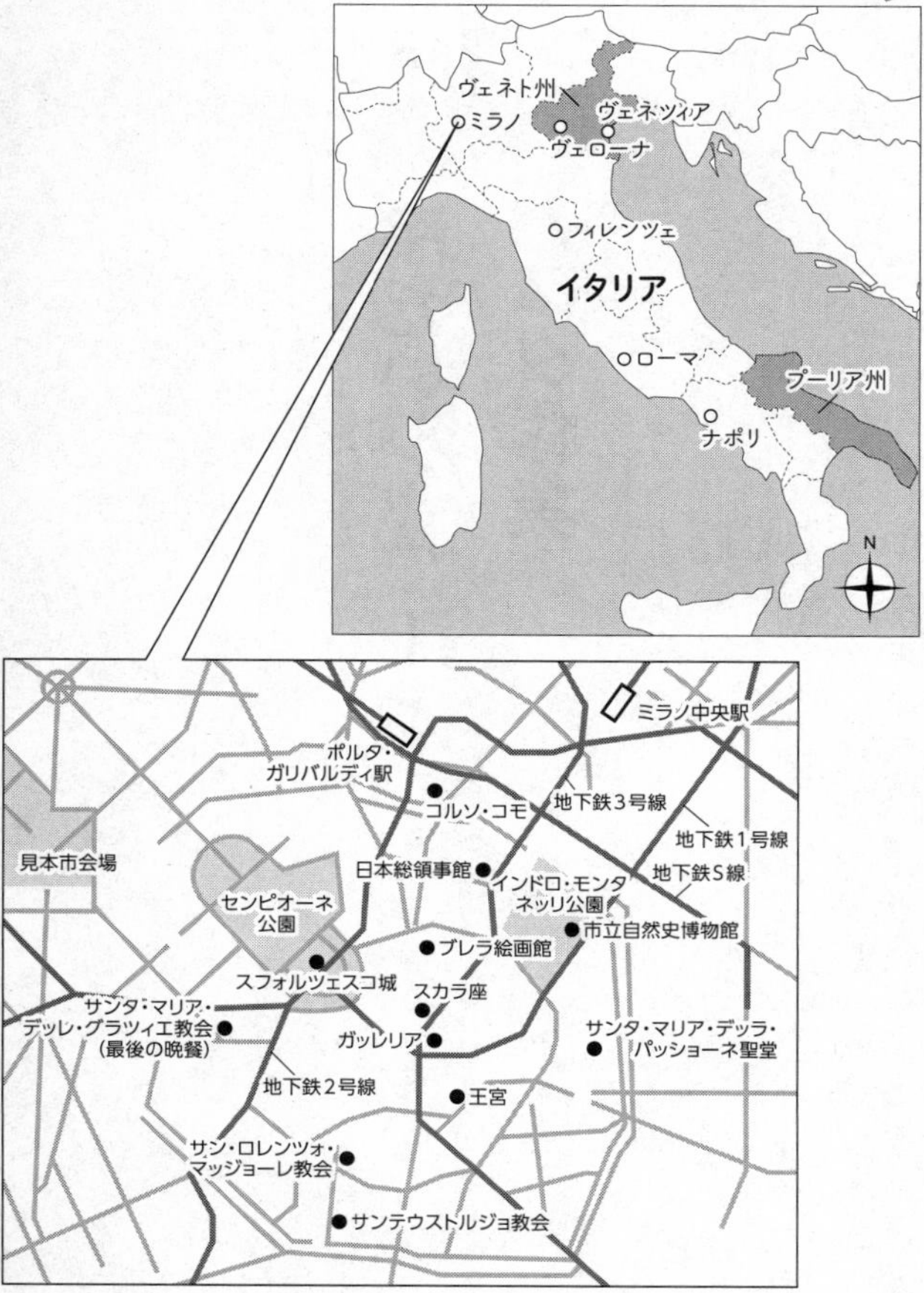
ヴェネト州
ヴェネツィア
ミラノ
ヴェローナ
フィレンツェ
イタリア
ローマ
プーリア州
ナポリ
N
ミラノ中央駅
ポルタ・
ガリバルディ駅
コルソ・コモ
地下鉄３号線
地下鉄１号線
見本市会場
日本総領事館
インドロ・モンタ
ネッリ公園
地下鉄S線
センピオーネ
公園
市立自然史博物館
ブレラ絵画館
スフォルツェスコ城
スカラ座
サンタ・マリア・
デッレ・グラツィエ教会
（最後の晩餐）
ガッレリア
サンタ・マリア・デッラ・
パッショーネ聖堂
地下鉄２号線
王宮
サン・ロレンツォ・
マッジョーレ教会
サンテウストルジョ教会

イタリアへの語学留学から帰国した僕は、東京のイタリアンレストランで料理修業を開始した。

修業先のひとつ、青山の「笄櫻泉堂《こうがいおうせんどう》」注1は、当時東京でもっとも尖《とが》っていたイタリアンレストランだ。安藤忠雄《ただお》が手掛けたコンクリート造りの建物にある、すました感じの店だったけれど、調理場はじつに刺激的だった。

料理人は、全員イタリア帰りで、調理場の流儀もイタリア流。かつてイタリアの三ツ星レストランでバリバリ働いていたシェフは、細かく指示を出してスタッフを抑えつけたりはせず、与えられた仕事を、責任をもってやり遂げることを求めた。

そして休憩は、しっかり取る。昼の賄《まかな》いではワインをガンガン飲んで、その後は、ゆっくりシエスタ。日本ではありえない自由なスタイルだったが、誰もが「イタリアはこうだから」と気にしない。僕もすぐになじんだ。

だが、あまりに居心地がよくて、つい長居してしまった。

帰国から四年が過ぎた二〇〇四年、僕は再び日本を飛び出した。

イタリア人のメンタルの弱さにびっくり!

向かった先は、もちろんイタリアだ。

まずは、手打ちパスタをマスターするためにエミリア・ロマーニャ州へ行こうとしたが、目当ての店は、三ヵ月先まで空きがないと言う。そこで空くのを待つ間、トスカーナ州のフィレンツェで語学学校に通いながら、地元の「**オラ・ダリア**」[注2]というリストランテに研修生として入ることにした。

この店のシェフ、マルコ・スタービレは、ヒゲをたっぷりたくわえた恰幅《かっぷく》のいい男だが、彼が作る料理は繊細で、「キアナ牛を使ったタルタル」などセンスのよさを感じさせる。

ところが僕が行ってすぐ、異変が起きた。

当時のオーナーの何気ないひと言に傷ついたマルコが、なんと営業時間中にトイレにこもってしまったのだ! 当然、調理場はパニック。いくらノックしても出てこず、他の料理人たちが「マルコ、こうやってたんじゃね?」なんて言いながら、どうにか料理を仕上げた。

マルコは次の日も店に来るなり、トイレに直行。肉のオーダーが入ると、誰かがそっとトイレをノック。するとこの日は、青白い顔をして出てきて、料理だけは作った。だけどそれが終われば、Uターンして再びトイレへ。

不幸中の幸いと言おうか、当時その店は、さほど流行《はや》っていなかったから、それでもなんとかなった。だけど、僕は本気でびっくりした。

なんでこんなにメンタルが弱いの？

傷ついたからといって、シェフがトイレにこもっていていいはずがない。しかもシェフの情けない様子に、誰も文句を言わないなんて、どうやらこれは、イタリアでは珍しくもない光景なのか？

その後、僕は何度も同じような場面に出くわすことになる。

日本では、どんなにつらいことがあろうとも仕事は別、と考えるけれど、イタリア人は、「彼女にフラれた」くらいで、塩加減が大きくぶれる。いや、それくらいならまだマシで、出勤してこない人もいる。だけど、それで周りから強く責められたりはしない。

イタリアのレストランの調理場では、ずいぶんと前から日本人が重宝されていた。シェフ以外はすべて日本人、という星付きレストランもあるほどで、業界全体が「頼むぜ！　日本人」という状況が続いていた。「手先が器用」「勤勉」というのは、間違いない。

だけどもっと際立っていたのは、「メンタルの強さ」ではないだろうか。世界的に見れば、感情を一定にして働けることには、大きな価値がある。日本人にとっては、〝当たり前〟のことが、世界では当たり前ではないのだ。

ちなみにマルコは、いまやイタリアでも指折りのシェフとなり、大活躍している。きっと当時は、繊細な心を持て余していたのだろう。

手打ちパスタの師匠は、オルネッラおばさん

三ヵ月が過ぎ、僕は念願のエミリア・ロマーニャ州へと移った。州名からもわかる通り、ここはエミリア地方とロマーニャ地方がくっついてできた州で、僕が行ったロマーニャ地方の料理は、どっしりとした無骨さが特徴だ。

この地方は、手打ちパスタの本場としても知られている。粉と卵から作るパスタ生地を、麺棒を使って器用に伸ばす伝統的なやり方は、イタリア人の料理人でもできる人は少ない。僕は、この手打ちパスタをマスターしたいと考えていた。

僕が修業したのは、前回、語学留学したリミニの近くにある「ラ・フラスカ」[注3]というリストランテだ。オーナーは、イタリアでソムリエチャンピオンに輝いたこともあるジャンフランコ・ボロネージ。メニューには、手打ちパスタを中心に構成したコー

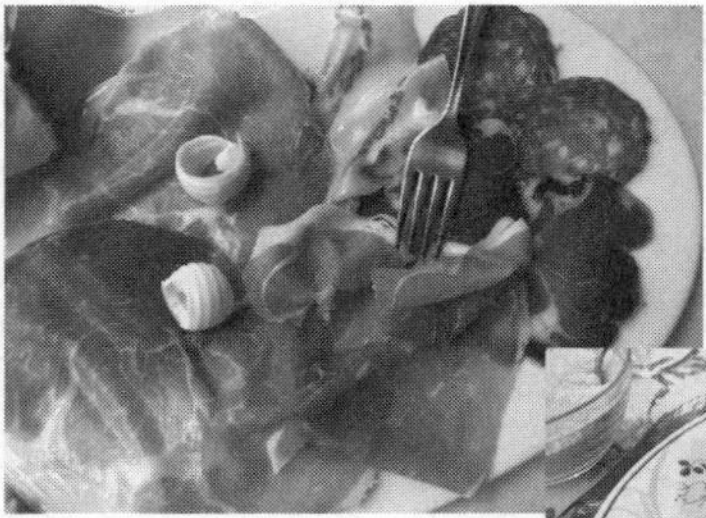

イタリアといえば多様なハムも有名。どこへ行ってもよく食べた。

イタリアでは各地方ごとに土地に根付いた手打ちパスタがある。

スもあるほど手打ちパスタに力を入れていた。

　初日、ジャンフランコに呼ばれて部屋に行くと、本棚には見覚えのある一冊があった。よく見ると、四年前に僕がリミニの書店のセールで買い求めたものと同じ。写真が一切載っていなくて、当時の僕はよく理解できなかったのだが、「ラ・フラスカ」のものだったのだ。ここに来たのは運命なのだと僕の胸は高鳴った、のは一瞬で、パスタ修業は、地道な作業の連続だった。

　手打ちパスタを担当していたのは、この道五十年以上というオルネッラおばさん。イタリアでは昔から、家庭でお母さんが打つパスタは、「マンマの料理」として家族全員から愛されてきた。特にエミリア・ロマーニャ州は、かつて、結婚する娘には麵棒を持たせたという土地柄で、レストランでも、シェフの奥さんやお母さんが手打ちパスタを担当することが多かった。

「ラ・フラスカ」では、店がオープンするときに、ジャンフランコが「オルネッラの作るパスタは美味しい」という評判を聞きつけ、スカウトしたという。

パスタの材料は卵と小麦粉のみ

手打ちパスタは、日本で言うならそば打ちのようなもの。単純そうに見えて意外と奥が深く、かなりの熟練を要する仕事だ。

しかもこの地のパスタ生地は、水も塩も加えず、卵と小麦粉だけで作るから柔らかい。小麦粉はイタリアで「00粉《ゼロゼロ》注4」と呼ばれる精製度の高いものを使う。小麦粉と卵の配合は、小麦粉百グラムに卵一個ととても単純で、深い味わいにしたいときに卵黄を足すこともあるが、基本的な配合はどの店もどの家庭も同じだ。

それを知ったとき、せっかく日本から来たのに、とがっかりしたが、難しいのはパスタ生地を素早く均一に伸ばせるようになることだ。これには、かなりの鍛錬が必要だった。

僕は毎朝八時過ぎから、オルネッラおばさんと一緒にせっせとパスタを打った。だいたい一回で打つのがひと玉で、小麦粉五百グラム分。それを一日にふた玉用意する。

手をかけすぎると生地が傷んでしまうから素早く均一に伸ばさなくてはならない。伸ばした生地がでこぼこしていたときは、容赦なく怒られる。与えられた時間は、わずか五分。優しい風味を生かすためには、時間をかけすぎるのも力任せもダメなのだ。

半年もしないうちにコツは摑《つか》めた。丸めたパスタ生地は、円を描くように優しく麺棒で伸ばすと、中心から外に向かって自然と均一に広がっていく。オルネッラおばさんもようやく僕を一人前と認めてくれた。

打ち終えたパスタ生地は、平打ち麵で幅が八ミリくらいのタリアテッレや、二〜三ミリのタリオリーニにすることが多かったが、時にはシェフからのリクエストでオリジナルのパスタにすることもあった。

ユニークだったのは、丸く切った生地の四ヵ所をつまんで箱型に仕上げたパスタ。なかにはソースを入れるのだ。

クリスマスに作ったのは、郷土料理の「トルテリーニ・イン・ブロード」。

トルテリーニは、ラビオリのようになかに詰め物をしたパスタだが、形が少し変わっている。五センチくらいの正方形に切ったパスタ生地の中央に詰め物を置き、三角形になるよう折り合わせた後、両端をつなぎ合わせて指輪のような形にしたもので、これをブロード（コンソメスープ）に浮かせて食べる。ロマーニャ人が大好きな素朴で優しい味のする料理だ。

水しか出ないシャワーに呆然《ぼうぜん》

手打ちパスタは、順調にマスターできたが、仕事以外の時間はなかなか厳しいものがあった。

その頃、僕が暮らしていたのは、店の上階にあるロフトのようなところ。築百年以上ある建物の床は傾き、夜中にはネズミが走りまわっていた。

仕事が終わるとヘトヘトになってその部屋に帰り、シャワーを浴びるのだが、体を洗っていると、いきなり湯が水に変わる。

ウソだろ？　と何度も蛇口を回したが、一向に水は温かくならない。体はどんどん冷えていく。何も打つ手がなく、どんよりとした気分で部屋に戻ったが、疲れはピークに達していた。

あとでわかったことだが、イタリアの古い建物では、シャワーで使える湯量が決まっていて、それを使い切ると、その日はもう水しか出ない。イタリア人の同僚たちは、自宅にシャワーがあるのに、店でシャワーを浴びて帰るから、僕が使う頃には、もう湯が残っていなかった。

そんな状況が毎日続くと、さすがにつらい。冷たい水しか出ないシャワーの下で、僕の疲労はどんどん積み重なっていった。

海外で働くなら、最初の一年をどう過ごすかが重要だ。その国のことが好きになれないまま短期間で帰国する人が多いのは、生活のベースを作るのにすら苦労が絶えないからだろう。仕事をする以前の問題だ。

もちろん言葉の問題も大きい。言いたいことが言えないもどかしさは常につきまとう。

僕はそこに貧乏も重なった。店との契約のとき、イタリアの相場がわからないまま提示された金額にOKしてしまい、とても安い給料で働いていたのだ。そのため、店の定休日には食べるものにも困るような有り様だった。

ビザの関係で日本に帰らなくてはならないのに、ど貧乏だった僕はどうしてもお金が足りず、出稼ぎに来ていたキューバ人の同僚に八百ユーロという大金を借りたこともある。

洗い場担当の彼は、シングルファーザーで、故国の両親に子どもを預けて渡伊。いつもボロボロのバッグのなかから家族の写真を取り出し、眺めていた。そんな男を頼らなくてはならないほど、僕は困窮していたのだ。

彼は、家族に仕送りをしていることに誇りを持っていて、一日のなかで少しでも幸せを見つけては、それを楽しむことができる。思えば、あの頃から、中南米人のそんな気質に惹《ひ》かれていたのかもしれない。お金は、日本から戻ってすぐに返した。

イタリアで仕事をするなら、当然イタリア人が有利だ。彼らは、外国人に対してどうしても上から目線になりがちで、オーナーでもないのに「雇ってやっている」という態度の者もいる。

洗い場を担当しているキューバ人の前には、いつも洗い物が山積みになっていた。ちょっと肉を焼いただけのフライパンでも、みんなすぐ洗い場に回すからだ。

僕は自分の手が空いているときは、自分で洗えるものは洗ったり、洗いやすいように汚れ物を整頓したりしていた。そんなところから、互いの信頼関係ができていたのかもしれない。

ホームレスに同情される!?

この頃の僕を支えてくれたのは、旅だ。

店の休みの日には、何も食べるものがないから街に出るしかない。時には、足を延ばして、ミラノやフィレンツェ、ボローニャなど国内を旅した。

もちろんホテルに泊まるお金なんてないから、夜は駅で野宿。たいていは、待合室の椅子の下で寝た。

冬にフィレンツェを訪れたとき、**サンタ・マリア・ノヴェッラ駅**[注5]であまりの寒さに震えていると、ホームレスが自分の段ボールを貸してくれたこともあった。

半年が過ぎた頃には、パスタも上手く打てるようになり、調理場ではそれなりに存在感を発揮していた。だが、給料を上げるよう交渉してもなかなか認めてはもらえない。そろそろ、次のステップを考えるときに来ていた。

当時、すでにイタリア人の知り合いがたくさんいたから、その伝手《つて》で働き先を見つけることは難しくなかった。最初に交渉したのは、ミラノにある名店だが、残念ながら僕の希望するタイミングと合わない。

縁がないのだと諦めたところに、ピエモンテ州在住の友人が、アレッサンドリアという街にある**「ラ・フェルマータ」**[注6]で求人が出ていると教えてくれた。

連絡を取ると、すぐ面接に来いと言う。僕は、店に向かった。

オーナーシェフのリカルドとは初めて会ったときから、とても会話が弾んだ。うれしかったのは、彼の前で、まだ一度も料理を作ったことがないのに、「ラ・フラス

ラ・フェルマータ時代。休みの日にはよく列車に乗ってあちこちへ出掛けた。

カ」でもらっているよりもはるかにいい給料を提示してくれたことだ。たった一回の面接で、僕を信用してくれたということだろう。家族経営の店らしい、温かい雰囲気も僕にあっている。

僕は、この店で働くことに決めた。

アレッサンドリアは、海沿いのリグーリア州にもほど近い街で、フェルト生地で作るボルサリーノ帽発祥の地でもある。店で出す料理は、山の幸とバターや生クリームをふんだんに使う典型的なピエモンテ料理とはひと味違う軽快さがあった。

僕にとってありがたかったのは、シェフたちが、僕が外国人だということを意識せず、接してくれたことだ。ビザのことにもきちんと対応してくれたので、安心して働くことができた。

もう一人のオーナーシェフ、アンドレアと出会ったことで、語学力も格段に伸びた。この時点で、僕はすでに調理場での会話には不自由しなくなっていたけれど、料理仲間が教えてくれたイタリア語は、下ネタのようなものも多く、洗練された会話にはほど遠かったのだ。

アンドレアは、外国旅行にもたびたび出るようで視野が広く、会話が楽しい。調理法や食材の生産者について質問してもすぐに答えてくれた。

本当に幸運な出会いだったが、僕自身が納得して選んだ店であったことも大きい。

ラ・フェルマータ時代。
近隣のリストランテのシェフと。

海外で働くために必要な交渉術とは？

日本人は、交渉がヘタだとよく言われる。

「働きたい」と申し出て、ＯＫが出るとそ

れで満足してしまうから、条件面での交渉がおざなりになりやすい。そのため、働き始めてからようやく不利な条件に気付き、後悔するというパターンが多いのだ。

何を隠そう、僕自身も最初の店ではそうだった。

その後、心がけるようになったのは、自分が雇われる立場であっても、相手を面接するような気持ちで出向くこと。そして自分について、しっかり語ることだ。

「僕はこんな人間で、こういう目的があってイタリアに来た。この店では、こういう技術を身に付けたい。ゆくゆくは、こんな目標を持っている」

そんなふうに仕事への意気込みを堂々と伝えると、よりよく理解してもらえるし、自分が相手に対して何を提供できるかもはっきりとする。

シェフのことも、常に一歩引いた目で見ていた。シェフの人柄に惚《ほ》れ込《こ》むというよりも、そのシェフのどんなところが優れているのか、自分が彼のもとで働くことになったら、どんなことが学べるのかを冷静に判断するのだ。

人柄と仕事の技術は、必ずしも一致するわけではない。人柄に惚れ込んで一緒に働いても、自分の技術が向上しなければ意味がないと僕は思っている。

面接では、イタリア人の欠点についても遠慮なく指摘した。

「イタリア人はメンタルが弱いから、ちょっとしたことで味がぶれるけれど、僕は感情を一定にして働ける。与えられた仕事を、責任をもってやり遂げるのは、日本人にとっては当たり前のことだ」

そう伝えて、「日本人のくせに生意気だ」と言う人とは、距離を置いた。日本人には雑用しかやらせないシェフもいると聞くが、おかげで僕は、そんな目に遭ったこともない。

デザートシェフに就任！

「ラ・フェルマータ」で働き始めて三ヵ月ほど過ぎたときのこと。デザート担当のシェフが突然やめて、代わりを誰がやるかという話になった。

白羽の矢が立ったのは、この店に来たばかりの僕。

デザートは、「笄櫻泉堂」時代に担当したことがあった。デザート担当のいいところは、自分ひとりで作業に集中できる点だ。メンタルがぶれやすい同僚たちとの連係プレーで成り立つ、他の料理にはない魅力を感じていた。

デザートシェフに就任したその日から、デザートのメニューには、責任者の名前「TETSU OTA」という文字が印刷されるようになった。

それを見たお客さんは、食後、サービス担当者に「TETSUに挨拶したいから呼んで」と声をかける。僕がダイニングに出て行くと、大喜びで「美味しかった」「どうやって作るの？」と話しかけてくれて、時には、椅子に座り込んで話をすることもあった。

そんなお客さんが少しずつ増え、次第に、「ＴＥＴＳＵが作るデザートがすごく美味しい」と評判が立つようになってきた。

このとき、ようやくイタリアで、自分という存在を確立できたと思う。自分の作るものに自信がもてるようになり、お客さんとも堂々と会話できるようになった。

イタリアのリストランテで働く日本人は、とても多い。腕の立つ人は、シェフからも頼りにされていて、日本に帰国するというと反対されることもあるようだ。

だけど、シェフの下についている限り、それを食べたお客さんは、シェフや店の味として記憶するだけ。裏方としてどんなに貢献していようとも、歯車のひとつに過ぎない。

デザートというフィールドで、僕が思い切り自分の力を発揮できるようになったのは、本当に幸運だった。

そしてデザートは、さらなる幸運を呼んでくれた。ひとりのイタリアンマフィアとの出会いだ。

彼との出会いがあったから、僕とイタリアとの関係はさらに深まった。

注1　かつて青山の裏通りに存在した高級イタリアンレストラン。建築家の安藤忠雄によるモダンな建物でも話題に。現在は閉店。

注2　トスカーナ州フィレンツェにあるリストランテで、シェフは、マルコ・スタービレ。トスカーナの伝統的な料理を、モダンに表現する。

注3　エミリア・ロマーニャ州チェルビアにある一九七一年創業のリストランテで、手打ちパスタが人気。現在は「トラットリア・ボロネージ」として営業。

注4　イタリアでは、小麦粉は精製度合いによって、00粉、0粉、1粉、2粉に分類されている。00粉はもっとも精製度が高く、小麦の香りが強いとされる。

注5　フィレンツェのターミナル駅で、十四世紀に造られたゴシック様式の「サンタ・マリア・ノヴェッラ教会」に隣接するが、教会とは対照的にモダンな造りをしている。

注6　ピエモンテ州アレッサンドリアにあるリストランテ。海沿いのリグーリア州からほど近く、軽快な料理を出す。オーナーシェフのリカルドと、妻でサービス担当のティツィアーナを中心とした家族経営。

レシピには、分量を記載していません。目分量でやっていたもの、記憶にないものも多いのです。中には、日本で入手困難な材料もあります。でも、レシピには、読む楽しみもあると思うのです。もし作りたくなったら、ぜひあなたのセンスでアレンジして、料理に挑戦して下さい！

recipe

オルネッラおばさんの手打ちパスタ

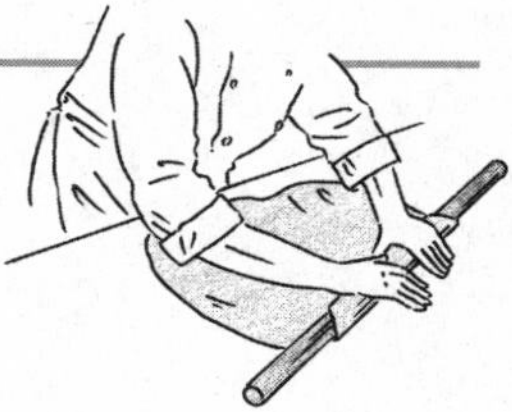

材料

小麦粉（00《ゼロゼロ》粉）、卵

作り方

1. まな板の上に小麦粉をふるい、中央をくぼませて卵を割り入れ、フォークでつぶしながら、中心からゆっくりかき混ぜ、粉と合わせる。
2. 全体につやが出るまでこねる。
3. 生地を1時間休ませる。
4. 休ませたパスタ生地を、麺棒を使って1～1.5㎜ほどの厚さまで円形に伸ばす。
5. 伸ばし終えたら20分ほどそのまま休ませ、生地の表面を乾燥させる。
6. 生地を折りたたみ、包丁で好みの幅に切る。

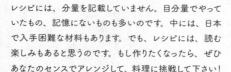

第2章

マフィアのボスが愛するウェディングケーキ

レストランの仕事を終えた僕は、自宅で黙々と卵の殻を掃除していた。卵の殻を器にしたプリンが大好評で、レストランに来ているお客さんから、自分たちのパーティーでぜひ出したい、と百個もの注文が入ったのだ。

卵プリンは、デザートシェフに就任して早々に考えついた。

ピエモンテ州には、ボネと呼ばれる郷土菓子がある。ココアパウダーと、砕いて粉々にしたイタリアの焼き菓子**アマレッティ**[注1]を使うチョコレートプリンのようなボネを嫌いな人は、ほとんどいない。あれをイメージしたプリンを卵の殻に入れて出したらどうだろう。僕は早速、試作に取りかかった。

イタリアでは、フランスのようにしっかりと焼いたお菓子はいまひとつ人気がなく、日本で人気のお菓子をもちかえっても思ったほど喜ばれないことも多い。ちなみにいちばん喜ばれるのは、ヨックモックの「シガール」。優しい焼き具合と歯ざわりがイタリア人の心をとらえるようだ。

店でデザートを作るときも、彼らの好みを常に探った。心がけたのは、甘さを控えめにすること。当時すでにイタリアでも甘すぎるデザートを敬遠する人たちが増えていたから、このプリンも、グラニュー糖ではなく粉糖《ふんとう》を使って軽い仕上がりにした。卵の殻の掃除はちょっと手間だけど、このプレゼンテーションはきっとウケるに違いない。

試作品を、マダムやホール担当の女性たちに差し出すと予想以上に好評で、みんなあっという間に平らげて、「これはイケるよ！」と興奮している。

レストランのメニューに載せると、たちまち人気が出て、常連さんから、五十個、百個単位の注文が来るようになった。

イタリアでは、自宅で誕生日パーティーを開くことが多い。家族だけでなく、親戚や友人などを招くので五十人、百人と大規模になる。

その際のデザートとして、僕の卵プリンを出したいという人、手土産にしたいという人が注文をくれるようになったのだ。

僕はオーナーたちの許可をもらって、個人の仕事として引き受けることにした。僕の狙い以上の展開だった。

大食漢の正体は？

地元のグルメたちの間で「卵プリンのＴＥＴＳＵ」と呼ばれるようになった頃、店に、一人の男がやってきた。

「TETSUのウェディングケーキが食べたい」

丸々と太った中年のおっさんが、ウェディングケーキ？

「ラ・フェルマータ」では、ウエディングパーティーも多かった。僕が作るウェディングケーキは、日本風のふわふわのスポンジケーキに生クリームとフレッシュなフルーツをたっぷりのせたもので、卵プリン同様、大好評だった。

彼はその噂《うわさ》を聞きつけてわざわざ食べに来たというわけだ。

「いいですけど、すごく大きいですよ？」

念のためそう聞いたが、そんなことで動じるような男ではない。

フルコースの食事の最後に、僕は、テーブルいっぱいのウェディングケーキを出した。男は、脇目も振らずに食べる、食べる、食べる。頃合いを見計らって、僕は彼の前に出て行った。

「いかがでしたか」

「悪いな。もうムリだ」

お皿の上には、ほんの一切れ残っているだけ。以来、彼はちょくちょく店に来てくれるようになった。

彼の名前は、ガウディオ。表向きの仕事は自動車販売で、安く仕入れた車を、東欧

ガウディオを虜にしたウェディングケーキ。

に売りさばいていると言う。

トレードマークは、きかんしゃトーマスがプリントされたリュックで、パンパンに膨れ上がったリュックをいつも大切そうに持ち歩いていた。それにしても重そうだよな。何が入っているんだろう？

あるとき、不審そうにしている僕に気付いたガウディオは、「開けてみろ」と目で合図。ゆっくりファスナーを開くと、「待ってました！」とばかりに、札束がポンッと飛び出した!!

「クレジットカードが作れないもんでな」とガウディオ。

だからって、こんな大量の現金を持ち歩くなよ……。ていうか、いまなんて言った？　クレジットカードが作れないって、なんかヤバイことしてるんじゃないの⁇　もしかしてこの男、マフィアなの？

真相は定かではない。

だけど目の前の彼は、食べることが大好きな中年男で、料理やレストランの話を始めたら止まらない。僕たちは、急速に親しくなった。

運転免許証が、ツルのひと声で即日交付

その頃、僕は日本で取った国際運転免許証が期限切れになり、車の運転ができなかった。ガウディオに話すと、翌日、電話がかかってきた。

「運転免許センターに行ってこい。話はつけた」

話をつけた？　行ってみると、担当者がニコニコしながら手を差し出した。訳がわからないまま彼の手を握り返した僕は「TETSUです」と言うだけで、イタリアの運転免許証を手にすることができた。いいのか？

彼のネットワークは、どこまでも伸びていく。

会話のなかに「ベルにこう言ってやったんだよ」なんて言葉がサラッと出てくる。あやうく聞き流しそうになったけれど、ベルというのは、どうやら当時の首相ベルルスコーニのことらしい。

そうかと思えば、イタリア中の有名レストランを食べ歩く。

トスカーナ州にあったミシュラン二ツ星の「ガンベロ・ロッソ」[注2]の話になったときのことだ。

僕は以前から、この店に行きたいと思っていた。美味しいと評判だったし、シェフが変わり者ということでも有名だったのだ。

「ラ・フラスカ」時代の同僚がこの店で働いたことがあって、こんな話をしてくれた。

シェフは、とにかく、いつもキレまくっていて、お皿が飛んでくるわ、気にくわない料理はその場でゴミ箱に捨てるわ、「いつ胃に穴が開いてもおかしくなかった」らしい。

だけど料理は、抜群にいい。

店の内装にほとんどお金をかけていないから、三ツ星に昇格するのは難しかったが、ヨーロッパ中からお金持ちが、どんどんやってくる。店は連日満席で、予約もなかなか取れない。

しかも当時は、日本人禁制。

以前、何かやらかした日本人がいたそうで、シェフが「もう二度と日本人にうちの敷居《しきい》はまたがせない」と断言しているという。客としても研修生としてもダメ。いくら楽天的な僕でも、さすがにそれはムリかな、と諦めかけていた。

伝説の変人シェフの料理をひと晩で全皿平らげた⁉

その話をガウディオにしたら、軽い調子で「オレ、この夏、ランチとディナー、十日間ぶっ続けで予約を取ってるから、連れてってやろうか？」と誘ってくれる。

十日間‼　どうしてそんなことが可能なのかと僕は目を丸くした。

「初めて行ったときにメニューに載っている料理を全皿食べたからね」

涼しい顔をして言うガウディオ。

ひとりで全皿食べた⁉　そこまでしたら、さすがに変わり者のシェフだって挨拶くらいしにくるだろう。

しかもガウディオは、クレジットカードを持っていないから、全額をキャッシュでポンと払う。きっとチップも弾んだに違いない。

やっぱり変人に対抗できるのは、変人なのだ。

だけど、おかげで僕も連れて行ってもらえるのは、じつに幸運だった。

「ガンベロ・ロッソ」の料理は、これまで食べたどんな料理とも違っていた。調理法はシンプルなのに、口に入れると、素材の圧倒的な力強さを感じる。どうすればあんなに上手く素材の力を引き出せるのか。やっぱりイタリアの食は奥深いとしみじみしながら食べた。

ガウディオのおかげで、僕のイタリア暮らしはどんどん快適になった。ビザのことも交通事故を起こしたときも、ガウディオがすべて〝円満に〟解決してくれた。礼を言うと、いつも「オマエは、オレに美味しいものを食べさせてくれればいいんだ」と笑っていた。

イタリアともフランスとも違う、スペインの魅力

「ラ・フェルマータ」に来て、三年を過ぎたくらいからだろうか。

僕は、次第に焦りを感じるようになってきた。デザートシェフとしては、卵プリン以来、キャラメルポップコーンや地元のバレンシアオレンジの皮を使ったオランジェット[注3]などいくつもの人気メニューを出し、店にもそれなりに貢献していた。

料理を作る仕事もしたくて、個人で出張料理を始めたのもこの頃だ。

自分の連絡先を書いた名刺を作って店に置いてもらい、自分からも積極的にアピールした。地元の名士や企業からの依頼が入るようになり、手応えを感じてはいたけれど、やっぱり、店というフィールドでしかできないことも多い。

▲ガウディオも常連だった、「ラ・フェルマータ」時代のお気に入りの店。

▶三ツ星の「カン・ファベス」で。生意気盛りの頃。

もっと上を目指したかった僕は、店が二ツ星を獲得するためには、もっとこうした方がいい、とあらゆる提案をした。だけど、シェフたちは乗り気じゃない。そもそもイタリア人は、変化を好まない。自分たちの伝統に誇りを持っているから、新しいことを取り入れるのにも消極的だ。

当時の僕には、それが一ツ星という現状に甘んじているようにしか見えなかった。やるからには世界のトップを目指さなきゃ。二十代の生意気盛りの僕は、本気で憤っていた。

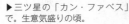

そんなときに休暇で、スペインを訪れた。

バルセロナのある**カタルーニャ地方**[注4]を中心にまわったのだが、そこには、イタ

リアとはまったく違う空気が流れていた。

同じラテン系でも、イタリア人やフランス人はナイーブなところがあるが、スペイン人は、もっとからっとしていて付き合いやすい。いればいるほど、この地が僕を呼んでいるような気がしてくる。

決定的だったのは、カタルーニャ地方にある三ツ星の「**カン・ファベス**」[注5]だ。この店のクラシックな料理を食べた瞬間、スペインの魅力が深いところから伝わってきた。

イタリアに戻るなり、僕は親しい人たちに「スペインに行く」と宣言した。だけど、伝手がない。どうしたものかと思って、親しくしていた日本人の料理人に相談したら、なんと『エル・ブジ』なら紹介できる」と言う。

世界一予約が取りにくいレストランで働く

当時、料理界には、「エル・ブジ」旋風が吹き荒れていた。

世界中から予約の電話が殺到し、一ヵ月分がわずか三十分で埋まってしまう「世界一予約が取りにくいレストラン」だ。

それまでの概念を破る大胆な調理法は、**分子ガストロノミー**[注6]と呼ばれ、ふわふわの泡状になったスープや、口のなかでパチパチと弾《はじ》ける料理は、好奇心旺盛なグルメたちのハートを鷲《わし》づかみにしていた。

僕はすぐに履歴書を用意した。「エル・ブジ」が募集しているのは研修生で、ビザと住居は店が用意するが無給という条件だった。

採用はすんなりと決まった。期間は、二〇一〇年の六月から、年末にかけての七ヵ月間。シェフのフェラン・アドリアは、すでに二〇一一年七月での閉店を発表していた。僕は、ギリギリセーフで「エル・ブジ」に駆け込むことになる。

採用が決まってすぐ「ラ・フェルマータ」のシェフに辞めることを伝えた。「チャンスだな」と温かく見送ってくれたガウディオには、またいつか僕の作る料理を食べてもらいたいと思っている。

「エル・ブジ」の真のすごさを体感

「エル・ブジ」の調理場のドアは、午後二時ちょうどに開く。五分早く来てもなかには入れないし、五分遅刻すると、もうドアは固く閉じられている。「新人は、三十分早く来て掃除をしろ」とは言われないし、残業もなし。調理場に何かを忘れても、翌日ドアが開くまで取りに入ることはできない。

▼「エル・ブジ」の朝、着替えを済ませて扉が開くのを待つ。

ブラックな職場ではないが、それとは別の厳しさがあった。

出勤して、その日の作業が指示されると、スタッフは、脇目も振らず黙々とこなしていく。シェフから「牛乳とってきて」と言われると、駆け足で冷蔵庫へと向かう。チンタラしていると、すぐに怒声を浴びる。

レストランのメニュー開発を担当するグループは別にある。こちらは午前に出勤して、シェフたちとともにひたすら試作を繰り返す。

効率を第一に考えた調理場のレイアウト。喉が渇いても氷ひとつもらえない徹底した食材管理法。そして、無給でもいいから働きたいと世界中から志願してくる研修生たち。客席数五十に対して、研修生が五十人もいる。だから、あの恐ろしく手の込んだ、三十皿以上もの料理で構成されるデギュスタシオンコースが可能なのだ。なんてよく考えられたシステムなんだろう。

僕はそれまでずっと、世界の料理界を自分が住んでいるイタリア中心に考えていた。

なんといっても、フランス料理の原型となった料理だ。調理法は、長い歴史に裏打ちされ、知れば知るほど奥深い。

だけどここに来て、自分の視野がいかに狭かったかを思い知らされた。世界中から集まってきた研修生たちのなかには、「イタリア料理ってどんな料理なの？」と真顔で聞いてくる人もいる。

「世界のベストレストラン50」で、二〇〇六年から四年連続首位をとった「エル・ブジ」こそ、いま、世界の料理界の中心に存在しているのだ。

天才シェフの地味な素顔

「フェラン・アドリアさんって、どんな人？」

スペインの片田舎にある「エル・ブジ」を、世界のトップに押し上げたスターシェフのことを聞かれると、僕はいつも少し戸惑う。

「エル・ブジ」のフェラン・アドリアと。

リーダーシップを発揮して、スタッフをぐいぐい引っ張っていくタイプではない。かといって、調理場でキレる姿も見たことがない。話すときは、こちらの目を見ずにボソボソと声を出す。率直に言えば、地味な人。

僕が初めて会ったとき、彼のコックコートの胸には「LAVAZZA」という文字が刺繍《ししゅう》されていた。イタリアでは誰もが知っている、コーヒーブランドの名前だ。きっと、そこからもらったのだろう。でも、世界一のシェフがそれを着て、調理場に立っていていいのか？

運転している車もオンボロで、自宅もとても質素だ。

イタリアのレストランでは、オーナ

ーの奥さんや家族が来ると、ていねいにもてなすことが当たり前。営業時間中であろうとお構いなしで、従業員はまるで家来のような扱いをされることも多い。貴族制社会の名残だろうか、雇う側と雇われる側の線引きがはっきりとしている。

ところが今も貴族制度のあるスペインのレストランにはそれがない。フェランの奥さんは、僕たちの賄いの残りを、自分でレンジで温めて食べていた。

そんな日常から、あの独創的な料理は生まれてくる。

「エル・ブジ」のことを大げさに讃《たた》える人もいれば、皮肉る人、けなす人もいるけれど、フェランがやっていることをどれくらい理解しているのだろうと思うこともある。

奇抜に見える料理のベースは、カタルーニャ地方の郷土料理。僕がイタリアで出会ったシェフたちと同様に、彼にもカタルーニャ人としての強烈な自負がある。

店の経営陣である彼の弟と、フェラン以外の三人のシェフも全員がカタルーニャ人で、調理場の共通言語もスペイン語ではなく、カタルーニャ語だ。店全体が、彼の生まれ故郷にしっかりと根ざしていることは、調理場にいればすぐにわかる。

レストランの一日の営業収支がいつも赤字なのは、食材にお金をかけすぎているからだ。そのため、料理学校の経営や講習会の開催で収入を得る。一年のうち七ヵ月営業して、残りをメニュー開発にあてるのも、赤字をそれ以上増やさないための工夫なのかもしれない。

あんなスタイル、誰も真似《まね》できない。わざわざやりたいとは思わないだろう。それをやるからスゴいのだ。

彼らは、料理界の流れを変えた。郷土料理をもとに、クリエイティビティを発揮した彼らの料理は、ただの風変わりな料理ではない。

僕は、日本に帰国してからずっと、自分の経歴のなかに「エル・ブジ」の名前を出すことにためらいがあった。半年ほどいただけだからカタルーニャ料理についても勉強不足で、「エル・ブジ」の料理を理解していると胸を張って言えないからだ。

だけどあの七ヵ月間は、最高に刺激的だった。

注1　イタリアで人気の焼き菓子で、フランスのマカロンの原型とも言われる。卵白を泡立てたメレンゲを使うためクッキーよりも軽くふんわりとした食感が特徴。

注2　トスカーナ州のサン・ヴィンチェンツォにあった伝説的なレストランで、ミシュラン二ツ星。「世界のベストレストラン50」でも、当時イタリアのレストランでは最高位の十二位にランクイン。シェフは、フルビオ・ピエランゲリーニ。二〇〇八年に閉店。

注3　砂糖漬けにしたオレンジの皮（ピール）にチョコレートコーティングしたフランス菓子。

注4　スペインの北東部に位置し、北はピレネー山脈がそびえ、東は地中海に面している。交通の要衝として古くから栄え、一九七九年にカタルーニャ州はスペインの自治州となった。州都はバルセロナで、スペイン随一の工業、商業地域。独自の言語、カタルーニャ語をもつ。近年は独立運動が盛んになっている。

注5　スペイン・カタルーニャ地方のサンセローニにあったレストランで、カタルーニャ地方のレストランで初めて三ツ星を獲得。シェフは、サンティ・サンタマリア（二〇一一年二月に逝去）。二〇一三年に閉店。

注6　科学的な知識や技術をもとにした料理方法。「エスプーマ」と呼ばれる食材を泡にする技術で、フォアグラなどの食材を泡にしたり、液体窒素を用いて素材を急速冷凍したりすることで、通常とは違う、見た目や食感、味わい、香りを演出。五感に働きかけ、驚きを与える料理を提供する。二〇〇〇年代にその手法で、世界から注目を集めたのが、「エル・ブジ」。

recipe

卵プリン

材料

卵、卵の殻、牛乳、生クリーム、バニラビーンズ、グラニュー糖（粉糖）、エスプレッソコーヒー、水

作り方

1. 牛乳、生クリーム、バニラビーンズの種を鍋に入れて温める。
2. ボウルに卵、グラニュー糖を入れ、白くもたっとするまで泡立て器でかき混ぜる。
3. 2に1とエスプレッソコーヒーを加えてていねいに混ぜ合わせ、目の細かいザルで漉《こ》す。
4. 卵の殻に3を流し込み、水を張ったバットに乗せ、低温のオーブンでゆっくり火を入れる。
5. グラニュー糖と水を鍋で焦がしてキャラメルソースを作る。
6. 火が入ったプリンを冷まし、キャラメルソースを流し込む。

第3章

世界一予約の取れないレストラン

Spain

フランス
サン・セバスティアン
バスク自治州
ロザス
カタルーニャ州
バルセロナ
マドリード
ポルトガル
スペイン
地中海
N

ロザスのビーチで捕獲したタコ。

「エル・ブジ」時代、僕は休日になると、ビーチに向かった。

ひなびた漁村のロザスには、豪華クルーザーなんてやってこない。水着姿の男女が、ビール片手におしゃべりしているその脇で、黙々と〝漁〟にいそしむ男がいた。シュノーケルと足ヒレを着けてモリを持ち、海に潜《もぐ》っていく男。

それは、僕だ。

波に流されないよう岩にしがみついて目をこらすと、穴のなかでかすかに動く、小さな目玉。タコだ！　スミを吐く前に素早く摑んで浮き上がり、バケツに放り込むと、再び獲物を求めて海のなかに入っていく。生活がかかっているから真剣だ。

「エル・ブジ」にやってくる研修生は、世界各地

スペインといえば生ハム。よく通ったロザスの生ハム屋。

の星付きレストランで働いていた精鋭たちだが、基本的に無給だ。

料理界では、こうした研修制度を取り入れているレストランが多い。トップレベルのレストランで働いたというキャリアは、その後高い価値になるから、研修生にとっても悪い話ではないのだ。

しかし現実は厳しい。レストランの定休日は賄いも出ないから、自分たちで食べ物を確保しなくてはならない。

なかには、〝エル・ブジ貯金〟をしてきたという堅実な研修生もいたが、僕も含めほとんどの人間はお金が足りなくて、いつもお腹を空かせていた。

だから、海で獲《と》れるタコやムール貝は、貴重な栄養源なのだ。僕は夏の間、せっせと海に潜った。

「テツは、タコ獲りが上手なんだぜ！」とはしゃぐ仲間が僕につけたあだ名は、〝プルポマン〟。プルポは、スペイン語でタコだ。僕は、タコ獲りの名人として、仲間から一目置かれていた。

信州の山育ちなのに素潜りが得意だったのは、小学生の頃、夏休みになると父と一緒に海辺でキャンプしていたから。

海で獲った魚や貝を、その場で焼いて食べる自給自足の技術はこの頃に培った。まさかそれを活《い》かす日が来るとは、人生、何が起こるかわからない。

研修生たちが世界各地の料理を披露

住居は、店が用意してくれた。イタリア時代の初めに経験したような、オンボロの屋根裏部屋ではなく、丸ごと一棟を借り切ったアパートで、ともに暮らす。

休日の前夜は、決まってパーティーだ。

全員が料理人だから、かわるがわる料理を作っては、仲間に食べさせる。懐にも優しいやり方で、いつも大いに盛り上がった。

料理はバラエティーに富んでいた。何しろ、一緒に研修していた仲間たちの出身地は、ポルトガル、モロッコ、アルゼンチン、メキシコ、コロンビア、ブラジル、などとまさにグローバル。各国の料理が食べられるなんて、じつに贅沢《ぜいたく》な話だ。

人気メニューは、ブラジルのポン・デ・ケージョやメキシコのタコス、そして僕が作る、お好み焼き。小麦粉と野菜、豚肉があれば、スペインでも、らしきものは作れる。工夫が必要だったのはソースで、スペインのスーパーで売っているBBQ《バーベキュー》ソースにハチミツを加えて、日本のお好み焼きソースっぽい味にした。

これをかけて出すと、みんな大喜びで、バースデイディナーの日に「テツ、あれ作って！」とリクエストしてくる仲間もいた。

お酒が入れば当然、にぎやかになる。時にドンチャン騒ぎに発展し、近所のおばさんに、警察に通報されたことも一度や二度ではない。シェフのところにも苦情が行って、叱られることもしょっちゅう。

時には、お金をやりくりして、仲間たちとバルセロナやサン・セバスティアン[注1]のレストランまで遠出することもあった。

彼らが働いていたのは、スペインの「ムガリッツ」[注2]やアメリカの「フレンチランドリー」[注3]、ブラジルの「ドム」[注4]など「世界のベストレストラン50」でも上位に入るレストランで、話をしていると、世界の一流レストランの人気メニューから、スターシェフの働きぶりまで、リアルな情報がどんどん入ってくる。

しかも、誰もがこの経験をもとに、さらなる高みを目指そうとしているのだから、刺激を受けないはずがない。

「エル・ブジ」出身の先輩シェフたちも世界で活躍中だった。

北欧の地で、豊かな食文化を開花させた、デンマーク「ノーマ」[注5]のスターシェフ、レネ・レゼピもその一人で、この頃「エル・ブジ」にもちょくちょく姿を見せていた。

「世界のベストレストラン50」で、四年連続第一位だった「エル・ブジ」から首位を奪ったのは、この「ノーマ」だ。翌年「エル・ブジ」は閉店し、「ノーマ」は、以降、四度首位に輝く。

フランスを頂点としていたガストロノミー[注6]の世界に風穴を開けた「エル・ブジ」と、ガストロノミーの世界で、一歩も二歩も後れをとっていた北欧からトップに躍り出た「ノーマ」。

食の世界のグローバリズムを、まさに体で感じていた僕たちが、いつもいちばん盛り上がる話題は、「僕たちのうち、誰が世界をとるのか」。みんな目を輝かせながら夢を語っていた。

調理場で抱いた違和感

しかし、最先端のクリエイティブな料理を作る調理場での作業は、単調だった。

出勤前の腹ごしらえ。「エル・ブジ」プロデュースのビールと共に。

僕たちが担う作業の大半は下準備で、調理の技術や感性を磨くようなものではない。素材の切り方も塩の分量もすべて決められているから、イタリアで経験したような、味のぶれも一切ない。そんな隙がないのだ。

持ち場は、毎週のように変わり、そのたびに細かく指示が出る。しかも作業中は、常にシェフが見張っていて失敗すると容赦ない。だけど、そこで萎縮してしまっては続かない。

セクションシェフのロメオが、ミスを連発したときのことだ。シェフがものすごい勢いで彼を罵倒した。「おまえなんか、一生ジャガイモの皮むきだ!」の言葉に、居あわせた研修生たちは静まり返った。

セクションシェフは、研修一年目で五十人のなかから選ばれ、昇進した人がつく地位だ。そんな選ばれし者なのに、全員の前で怒鳴られてしまっては立つ瀬がない。泣き出してしまったロメオを、他のシェフがなだめるように外に連れ出した。

「かわいそうに」と同情していた僕の耳に、他の研修生たちのひそひそ話が入ってきた。

「アイツもうダメだな」

「オレがセクションシェフをやってやるよ」

ここへは、誰もが我こそは、と思って来ている。

「エル・ブジ」でセクションシェフを務めたとなれば、当然、経歴にも箔《はく》がつく。隙を見せたら追い落とされる厳しい世界でもあるのだ。

個性豊かな研修生のなかで光る、中南米勢の意欲

失敗しても気にしない。叱られても我関せずの人もいる。

僕がよく一緒に作業していた、「フレンチランドリー」の元ナンバー2、ヨナタンはその筆頭だ。貝を開こうとしては身を傷つけ、そっと僕に回してくる。

「勘弁してよ」と思いながらカバーするけど、たまにシェフにバレて、大目玉を食ら

った。だけど、いつも朗らかな姿勢を崩さない。

「エル・ブジ」は、カタルーニャのレストランであることに並々ならぬ誇りをもっているから、調理場での共通言語はカタルーニャ語で、スペイン語ですらNGだ。朝礼のときにシェフが、「いいか。ここではカタルーニャ語以外話すんじゃねえぞ！」と熱く語るのを聞いていないのか、ヨナタンは、いつも素知らぬ顔で母国語の英語を話す。

「おい、ヨナタン、どう思う？」といきなりカタルーニャ語で問いかけるシェフ。当然、ヨナタンはひと言も返せない。

「わかってないんだろう？」

ヨナタンが何か返そうとしたらすかさず「英語は絶対禁止だぞ！」。

それでもヨナタンは、折れない。自分がなぜ怒られているかもまるで理解しようとしない。最後までカタルーニャ語をまったく理解しなかったのは、ある意味、天晴《あっぱ》れだ。なにしろいつでもニコニコと楽しそうにしていられるんだから。

朝礼でみんながピーンと張り詰めているときも一切空気を読まず、ずっとラップを口ずさんでいたのは、アメリカから来た黒人のパラス、いきなりイタリアに帰ってしまって、そのまま戻ってこなかったルカ、スペインの**バスク地方**[注7]出身のイヴァンは、勝手にバスクを背負っていて、「カタルーニャはちょっとね」といつもバスク語で話

仲間とのお好み焼きパーティー。前列左端がヨナタン、右端はパラス。

していた。

そんな個性的な仲間たちの間で、一番の働き者は中南米勢だ。彼らは、国が貧しいこともあってガッツがケタ違い。しかも故郷では料理人の地位が高いから、それを目指す彼らの志も高い。

とりわけ印象的だったのは、アルゼンチンの二十代の女性たち。とにかく他人の仕事まで奪うくらいの勢いでバリバリ仕事をする。思わず「そんなに働いてどうするの？」と言いたくなるほどだ。

中南米人の活躍ぶりは、イタリア時代から耳にしていた。

日本人の間ではよく「イタリアの調理場を支えているのは、日本人だ」と言われるが、当時、僕の耳に入ってきたのは、「中南米人、すげえよ」という声。

日本人は手先の器用さや仕事の正確さで重宝されていたが、働きぶりで注目を集めているのは、断然彼ら。「エル・ブジ」で初めてその姿を目の当たりにして、僕も「これはかなわない」と唸った。

研修期間延長の申し出を断る

働き始めて一ヵ月もしない頃だろうか。オフィスに呼ばれ、シェフから、研修をさらに半年延長しないかと提案された。僕の契約は二〇一〇年の十二月までだったが、「エル・ブジ」は、すでに二〇一一年七月に閉店することが決定し、そのまま閉店まで研修生として仕事をしないか、ということだった。

だけど、僕の返事は、「No」。

無給の研修生を一年以上も続ける余裕が僕にはない。迷うことではなかった。

そしてその頃、僕はこの料理には未来がないのではないか、と薄々感じていたのだ。

最初に引っかかったのは、廃棄量の多さだ。レストランでは、多かれ少なかれ食材を廃棄することがあるが、「エル・ブジ」のそれは尋常じゃない。

極端な例だが、サンマのある部位だけを使うために一匹仕入れて、残ったところは廃棄してしまうという具合。にんじんだって、キューブ形に切り揃《きそろ》えようとすると、当然いらない部分が出る。

それらの一部を賄いに使うこともあったが、そんなものではとても追いつかない。見た目のカッコよさをも追求したクリエイティブな料理の裏側には、こんな現実が横たわっていた。

「次に行く店が決まっているの？」あっさりと断った僕に、シェフが質問した。

「行きたい店はあります。『カン・ファベス』です」

その瞬間、空気が凍った。

スタッフの一人が人差し指を口に当てて、僕に目配せ。ここでは、その店の名は禁句なのだ。研修生のなかには出身者もいたが、「履歴書から『カン・ファベス』の文字を消して提出したに違いない」と噂されるほどだった。

どちらもカタルーニャ地方にある三ツ星レストランだが、料理は対照的で、クラシックな料理を出す「カン・ファベス」のシェフ、サンティ・サンタマリアは、スペインの一流シェフたちが組織する料理学会で、唯一「エル・ブジ」の料理を否定した人だ。

彼は「食材は神聖なものだから、遊んではいけない」と発言し、ジャーナリストを巻き込んで大論争になった。このとき、大半の人は「エル・ブジ」を支持したが、僕はサンティの言葉、もっと言えば、彼の料理哲学に共感していた。

そもそも僕がスペインに強く惹かれたのは、「カン・ファベス」の料理を食べたことがきっかけだ。

誤解されることもあるが、「エル・ブジ」の料理も唐突に出来上がったものではなく、もともとは、フォアグラやオマールエビを使うコテコテのフランス料理からスタートしている。

そこから、地元の食材を積極的に取り入れるようになり、自分たちのルーツであるカタルーニャの郷土料理をあらためて見直したうえで、次第に先鋭化し、独自の尖った料理を作るようになった。

僕たち研修生が受ける講義では、そうした流れについてもきちんと説明してくれた。彼らの料理への向き合い方については、僕も心からリスペクトしている。研修生のなかには、〝エル・ブジ信者〟のような人たちも多くいたし、卒業してからも、その頃と変わらずいまも世界最先端の料理を追求している人たちもいる。

だけど、僕にとってはずっと作り続けたい料理ではなかったのだ。

次はどこへ？

レストランのある日は調理場にこもり、休日はタコ獲り、そしてパーティー。そんなふうにして、「エル・ブジ」での刺激的な日々は過ぎていった。

さあ、そろそろ次への準備を始めなくちゃ。

僕はまず「カン・ファベス」に連絡を取った。今回は、この店出身のスペイン人に仲介してもらい、ポストがあるとの返事をもらえた。

ところが、ブラジル人研修生と親しくなるにつれ、僕の心のなかで、ブラジルのサン・パウロにある「ドム」が日に日に存在感を増していった。

少し前からメキメキと頭角を現し、「世界のベストレストラン50」にもランクイン、グルメ界で南米に注目が集まるきっかけを作った店だ。しかも、シェフのアレックス・アタラのことを悪く言う人がいない。そんな人ならぜひ会ってみたい。

南米出身の研修生たちの陽気さと前向きさもすごく好きだったし、店の調理場に届く、南米の食材にも興味津々だった僕の南米熱は、どんどん高まっていく。

そしてついに僕は、「カン・ファベス」を辞退し、辞書を片手に、ポルトガル語で履歴書を作り、「ドム」のシェフに送った。

しかし、一向に返事が来ない。

ミラノマダムから破格の給料を提示される！

やきもきしていたときに、ミラノの邸宅で、プライベートシェフをしている友人から連絡があった。彼の後任を探しているという。

ちょうどイタリアにも行ってみようかと思っていたし、そのついでに話を聞いてみようと、軽い気持ちで向かった。

彼に紹介されたマダムは、洒落《しゃれ》たミラノファッションに身を包み、上品でとても感じがよかった。隣に座っているご主人もニコニコしている。

そして提示された給料に、僕は目をむいた。破格だったのだ。

僕はイタリア人の平均給与を知っている。その三倍くらいの金額と、僕用の車と住居を提供してくれるだなんて。

「ブラジルに行く前に、ちょっとここでひと稼ぎすれば？」

友人のささやきに、僕は素直に頷《うなず》いた。

そう。何もブラジル行きを完全に諦めるわけではないのだ。

ついに、腹を空かせ、休日ごとにタコ獲りに出かけた日々から解放されるときが来る！　しかも七ヵ月間、ガチガチに厳格な調理場で働いていた僕にとって、〝プライベートシェフ〟という肩書はなんとも甘美に響いた。

「いつから来てくれる？」

マダムの問いかけに、「来年の三月くらい」と即答する僕がいた。

結果として、スペインでの滞在は七ヵ月にとどまり、僕は再びイタリアに戻ることになった。

二つの国を行き来して感じるのは、スペイン人は、素朴で勤勉、イタリア人は、商売上手だということだ。

たとえば、スペインのバルが生ハムを切って、パンとトマトを添えて出すところを、イタリアは、もっと見栄えよく盛りつけ、もっと高い値段をつけて出す。高く売るためのトークも上手い。どう説明すれば、相手が乗ってくるかを心得ているのだ。マダムを紹介してくれた僕のイタリア人の友人も、その一人だったのかもしれない。

そのとき、僕はまだマダムの実態を知らなかった。優しく微笑《ほほえ》む彼女が、まさか〝プラダを着た悪魔〟[注8]だなんて。

だけど僕だって負けてはいない。あの立派な邸宅で、〝カミカゼ〟と呼ばれたのだから。

注1　大西洋に面したスペイン・バスク自治州にある、人口十八万人の小さな街。旧市街には、ピンチョスと呼ばれる小皿料理を出すバルが軒を連ねる一方で、一流レストランも多く、「ミシュラン」の星をもっとも多く持つ〝美食世界一の街〟として注目を集めている。

注2　スペインのサン・セバスティアンにあるレストラン。「世界のベストレストラン50」に二〇〇六年から二〇一七年まで十二年連続ベスト10入りは快挙。シェフのアンドニ・ルイス・アドゥリスは、「エル・ブジ」門下生でもある。

注3　アメリカのワインの産地ナパバレーにある、全米一予約が取れない店として知られるレストラン。「世界のベストレストラン50」で、二〇〇三年から二年連続第一位に。「ノーマ」（注5）のシェフ、レネ・レゼピが働いていたことも。シェフのトーマス・ケラーは、二〇〇四年ニューヨークにレストラン「パー・セ」をオープン。そちらもたちまち人気店に。

注4　ブラジルのサン・パウロにあるレストラン。「世界のベストレストラン50」では、二〇一一年に南米勢として初めてベスト10入りして注目を集めた。シェフのアレックス・アタラは、ブラジル産食材を積極的に活用。生産者や郷土文化に関心をもち、料理を通じた社会貢献にも力を注いでいる。

注5　デンマークのコペンハーゲンに二〇〇三年にオープンし、「世界のベストレストラン50」で、二〇一〇年、二〇一一年、二〇一二年、二〇一四年と、四度第一位に選ばれる。シェフのレネ・レゼピは、北欧の食材を使った料理で、北欧の食文化を世界にアピール。二〇一五年には、期間限定で「マンダリン　オリエンタル　東京」に出店し好評を博す。ドキュメンタリー映画『ノーマ、世界を変える料理』でも話題に。

注6　美食について、調理法や盛り付け、それにまつわる科学や哲学をも含めた文化として捉えた概念。

注7　ここでは、スペイン北部にあるバスク自治州とナバラ自治州のこと。ピレネー山脈をはさんだフランス領バスク地方を含めてそう呼ぶこともある。バスク語という独自の言語を持ち、スペインのカタルーニャ

地方と同様に、独自の文化に誇りを持つ人たちが多い。

注8　一流ファッション誌のカリスマ編集長のもとでアシスタントとして働くことになった女性を主人公にした映画。メリル・ストリープ演じるカリスマ編集長は、そのしごきぶりから〝プラダを着た悪魔〟と呼ばれた。二〇〇六年公開。

recipe

テツ風お好み焼き

材料

キャベツ、卵、小麦粉、
イベリコ豚のバラ肉のスライス、かつおだし、塩、
こしょう、醤油、マヨネーズ、バーベキューソース、
ハチミツ

作り方

1. キャベツを粗いみじん切りにする。
2. ボウルに、1のキャベツ、卵、小麦粉、かつおだしを入れて混ぜ合わせ、塩、こしょうで味をととのえる。
3. 熱したフライパンに2の生地を流し込み、豚バラ肉のスライスを、生地をおおうように並べる。
4. しばらく焼いてからひっくり返して豚バラ側を焼く。
5. 焼きあがったら皿に移し、醤油、マヨネーズ、バーベキューソース、ハチミツを混ぜ合わせたソースを塗る。

第4章

対決「プラダを着た悪魔」in MILANO

「エル・ブジ」での研修は、じつにあっけなく幕を閉じた。

ヨーロッパでは、旅立ちの時に水をかけあったり、小麦粉をかけあったりして、エールを送る習慣があるのだが、そんな儀式もなく、研修生同士、改まって挨拶をすることもなかった。

ここでの経験は、「次」へのステップ。研修生全員が、常にそれを意識していたから、感傷的になる暇もないのだろう。

仲間たちの興味は、いかに一流レストラン、有名レストランを渡り歩くかに絞られていた。

料理界で「エル・ブジ出身」という経歴は、世間でいうところの「ハーバード大学卒」に近い。そういう意味では、全員が優等生だから、少しでも〝偏差値が高い〟レストランに入ろうとするのかもしれない。

彼らの将来設計で大切なのは、いかに有利なポジションを手に入れるか。

その口から、どんな料理を作りたいか、どんな人生にしたいかといったヴィジョンが語られることはほとんどなかった。

イタリアで出会ったマフィアのガウディオみたいに、ハチャメチャだけど大いに人生を楽しむようなタイプの人間もいなかった。研修生の多くは二十代前半の若者たちで、三十歳になったばかりの僕とは、見ている景色が違ったのかもしれない。

卒業生たちを魅了する「エル・ブジ」の魔力

僕が「エル・ブジ」で学んだことはたくさんある。

郷土料理をもとにして、クリエイティブな料理を生み出す発想力には、大いに刺激を受けたし、機能的な調理場のレイアウトとはどういうものかもよくわかった。世界各国の料理人たちと知り合えたことも大きいし、レストランの経営やブランディングの一端を垣間《かいま》見《み》ることもできた。

だからより深く、自分はどうしたいのかを考えるようになった。

僕は、「エル・ブジ」の料理を模倣しようとは思わなかった。あれは、フェラン・アドリアという天才的なシェフが優秀なスタッフとともに作り上げた料理なのだ。それで完結している。

ところが、研修生の多くはいかにその料理を習得して自分のものにするかを考えていた。〝分子ガストロノミー〟と呼ばれることのある「エル・ブジ」の料理は、科学的な知見をもとに食材に手を加えるのが特徴だ。

有名なのは「エスプーマ」で、これは食材を泡状にするもの。たとえば、トマトをエスプーマにすると、トマトの風味はそのままでも食感がまったく違う。食べる人はそれがトマトだとは気付かないまま口に運び、味わった瞬間に、あれ？　と目を丸くする。ふわふわの泡からトマトのみずみずしい味わいがするのだから驚くのもムリはない。食卓で、そんな驚きを提供することで、「エル・ブジ」は世界のグルメを魅了した。

エスプーマを作るには、食材に亜酸化窒素ガスを加えて泡にする道具が必要だ。「エル・ブジ」では、こうした分子ガストロノミーに必要な道具類を商品化し、さらにオリジナルの調味料とともに調理キットとして販売していた。

大半の卒業生は、これを購入する。卒業後もこの料理を作り続けるために、だ。

僕には、それは単に「エル・ブジ」の呪縛にとらわれてしまうだけのように思えた。スカンピ（手長エビ）にエスプーマにしたソースをのせると、お客さんは「エル・ブジっぽい！」と喜ぶ。だけど果たして、それは、本当に褒め言葉なのだろうか。そんな二番煎じの料理を、クリエイティブと言えるのだろうか。

僕は、もっと自分らしい料理を作りたいと思う。

料理を作るからには、自分のオリジナリティを追求したい。それが自分らしい料理であれば、ピッツァでもいい。ミシュランの星や「世界のベストレストラン50」のランキングにもほとんど興味がない。

こんな僕は、「エル・ブジ」研修生のなかではかなりの異端だ。だから、自分が「エル・ブジ」出身と言われることに、いまも抵抗がある。

ミラノ三大わがままマダムって⁉

年が明けてすぐ、僕はスペインのロザスを発《た》ち、そのままイタリアに入った。日本へ帰るには、資金がほとんど底をついていてエアチケットを買う余裕がなかったのだ。

ロザスを発つ前に、僕はミラノに住む日本人の友人ヒロシさんに連絡をした。「ミラノでプライベートシェフとして働くことになった」と告げると、「ミラノに着いたら連絡してね。マヌにも伝えておくから」とすごく喜んでくれた。

マヌは、彼の奥さんのイタリア人。格式のある家柄の女性で温かい心の持ち主だ。二人がいる街で暮らせるとは、なんて心強いんだろう。新しい生活への期待が一気に膨らんだ。

ところが、その後すぐにマヌから電話がかかってきた。

「テツ、いまちょっと聞いたんだけど、そのマダム、アンドリーナって言わなかった？」

「そうだよ」

電話からマヌのため息が聞こえてきた。

「ああ、テツ、なんてかわいそうな人」

彼女は、高校時代、アンドリーナの息子アンドレアの元カノだったらしく、自宅に何度も遊びに行ったことがあると言う。

「彼女は、〝ミラノ三大わがままマダム〟の一人。有名よ」

え、どういうこと？　いまひとつピンとこない。

「これまでの私の人生で、唯一受け入れられない人間がいるとしたら、彼女ね」と深刻な口調で僕に説明するマヌ。

どうやら、アンドリーナは誰もが認めるわがままおばさんらしい。

だけどもう手遅れだ。来週から、僕は彼女のもとで働くのだから。

「何かあったらすぐに連絡してちょうだい。相談にのるから」と言われて、僕は腹をくくった。人生、なるようにしかならない。やれるだけやってみよう。

マダムの邸宅は、ミラノの一等地、**ブレラ美術館**[注1]の近くにあった。用意してもらった僕のアパートメントは、**コルソ・コモ**[注2]の近くにあり、そこから車で十分ほど。

僕が料理を作るのは、昼食と夕食で、朝食はフルーツやヨーグルトなど食材の準備をしておけば、配膳は秘書がやってくれる。

昼食は、旦那さんの食事を用意し、マダムのオフィスに作りにいく。オフィスには、業務用のキッチン設備があり、毎日来客や従業員にランチを提供することになっていた。

いくら、イタリアがグルメ大国だとしても、プライベートシェフを雇う人は珍しい。せいぜい料理上手な家政婦さんを雇うくらいだ。

しかしマダムは、自分がグルメであることを公私ともに貫いていた。

秘書から仕事の説明を受けていると、彼女がやってきた。

僕の目をまっすぐに見てひと言。

「常に私を中心に考えなさい」

それだけを告げて去っていく。

この家には旦那さんと娘さんもいるのだが、そんなのどうでもいいから、と言わんばかりの口ぶりだ。それは食事だけではなく、彼女の人生そのものを表しているかのように思えた。

マダムの体重管理もシェフの仕事

翌日、プライベートシェフ第一日目に、マダムが経営するPR会社に昼食を作りにいった。

五人分と聞いて準備をして出かけると、僕が着くなり、秘書は「十人分が必要だ」と言う。

いきなり倍に増えて、現場はてんやわんや。波乱の幕開けだ。以降、人数にはずっと悩まされることになる。

そして三日目。

マダムがヒステリックな叫び声をあげて、僕のいるキッチンに入ってきた。

「テツ、どうしてくれるの？　体重が増えてるじゃない!?」

そんなこと知らねえよ、と言いそうになるのを、グッとこらえる。

「ジバンシイのドレス、着られなくなったらどうしてくれるの。いい？　私を絶対に太らせないでちょうだい」

言いたいことだけ言うと、勢いよくバンッとドアを閉めて立ち去っていく。詳しい説明は一切ない。交渉する余地も与えない。常に彼女は命令を下すだけ。

その姿はそう、まさに映画でメリル・ストリープが演じた〝プラダを着た悪魔〟だった。

彼女の食事は、前菜とメイン、それとデザートの三皿構成。にんにくとバターは一切使わない。肉もパスタも出さない。デザートには砂糖を使わない。そのルールはきちんと守っていた。そのうえ、体重にまで責任を負うなんて。

彼女は、人の話を聞かないという点では徹底していた。

バンッとドアを開けてツカツカツカとやってきて、言いたいことだけ言って去っていく。食事の人数は、こちらから何度確認しても正確な数字は出てこない。本人が把握する気がないのだろう。秘書はいつも泣いている。

突然、会食の人数が増えるだけではない。外で会食が入ることがあっても連絡はない。こちらは用意をして待っているのに、帰ってこないこともちょくちょくあった。

イタリアのハイソサエティの暮らしとは？

邸宅には、ダイニングルームが三つある。食事をする人数によって、使う部屋が異なるのだ。どの部屋にも立派な調度品が並び、天井にはシャンデリア。カトラリーは

マダムの自宅のダイニング。

シルバーで、使用人が手袋をつけてセッティングする。

スタッフは、父親の代からこの家に仕えるイラリオ、それから住み込みで家のあらゆる雑用を引き受ける夫婦と、洗濯やアイロンがけを担当するパートタイムのおばさんが二人。イラリオは、運転手兼執事で、おもに旦那さんの世話をしていた。

僕はマダムの細かい好みを彼女の表情から探った。

メニューを聞いたとき、あるいは料理を食べるときのちょっとした眉の動きを見逃さない。そうしないと、あとで面倒なことになるからだ。

「夜は、青魚を使って……」

マダムの眉がピクッ。

▶ポルチーニなど旬の食材が入った時は、料理する前にこのようにプレゼンする。

▼鯛、オマールエビ、小イカ。ミラノでは高い魚介類だが、惜しげもなく使う。

「……と思ったんですけど、いいホタテを手に入れたんで、それを使いましょう」

まさに上司のご機嫌を伺う部下だった。

青魚が好みでないことはすぐに理解した。イタリア人だが、アンチョビもダメ。白身であまり脂っこくないものが好きらしい。

それも、骨はもちろん、皮や血合いもていねいに取り除かなくてはならない。調理法は蒸すか煮るか。こんなに制限があると、味はどうしても単調になる。

そこで僕は、こっそりとにんにくを使うことにした。

要は、マダムが気付かなければいい

いのだ。料理をするときは、しっかりと換気扇を回し、低温で風味を出したら、さっとにんにくを取り除く。ゴミ箱に捨てるのにも細心の注意を払った。

余談だが、僕の料理を食べた中華のシェフから、「太田さんの料理は、にんにくの使い方が独特ですね」と言われたことがある。

中華料理は、にんにくの香りをしっかり利かせることが多い。ところがそのシェフは、僕の料理を食べてから、にんにくの香りを抑えめにしたら、「軽くて食べやすい」と喜ばれたのだとか。自分なりに工夫したやり方なので、それを聞いた僕もとても嬉《うれ》しかった。

マダムは、魚も、野菜やフルーツも、最高のものを用意しないと不機嫌になるから、僕は、市場へは毎日のように足を運んだ。

おまけに突然「〇〇が食べたいわ」と言われることもある。僕はあの辺りで、すぐに有名人になった。買い物かごを持って毎日必死の形相で走り回る東洋人の男は、端から見ても異様だったのかもしれない。

自称ミラネーゼの故郷は南イタリアのプーリア

そんな毎日だったから、キッチンのドアがバンッと開くと、僕の体は反射的に硬くなる。

「美味しかったわ」

またバンッ。

褒め言葉も甘くささやいたりしないのが、マダムの流儀だ。

マダムは、自らをミラネーゼだと言う。

僕が作ったスープに対してケチをつけるときには、「ミラネーゼの私に対して、このミネストローネはいかがなもの?」というように。

だけど、昔から彼女を知る市場の人は、彼女が南イタリアにある**プーリア州**[注3]出身だと教えてくれた。きっと自らの力で這《は》い上《あ》がってきた人なのだろう。

マダムが気に入ってくれた僕の料理の一つは、「プーリア産ムール貝とトマトのスープ仕立て」だ。

市場の魚屋さんで「絶対にマダムが喜ぶから」と勧められたのが、プーリア産ムール貝で、セミドライにした「ポモドーロ・ピノーロ・デル・ベスビオ」というプチトマトとともにスープ仕立てにすると、ムール貝とトマトの風味が見事に調和する。

他にも、ズッキーニやオレガノ、オリーブなどプーリア産の食材を見かけると、僕は購入して料理に使った。

マダムが、それがプーリア産だと気付いていたかどうかはわからない。だけどそれは、イタリアの南端に位置する故郷を離れ、北部の都市でがむしゃらに生きるマダムへの、僕なりのエールだった。

パーティー準備は、落ち葉拾いから

マダムは、自宅にも頻繁に人を招く。大切な商談相手をもてなすためだ。重要なパーティーは、数日前から準備を始める。メニューだけではなく、テーブルコーディネートも大切なポイントだ。

「今回は、秋をテーマにしましょう」

マダムからそう告げられると、僕は、メニューやテーブルコーディネートのアイディアを練る。邸宅には、膨大な器とクロスのストックがあった。そこからテーマに合いそうなものをピックアップしておく。

マダムから、どうすればいいかと尋ねられたときに何も答えられないでいると、機嫌を損ねてとんでもないことになるからだ。

ずっとファッション業界で仕事をしてきた人だから、テーブルコーディネートには一家言ある。花の飾り方やクロスと器の合わせ方もなかなかセンスがいい。

秋がテーマのときは、準備中に突然「落ち葉はないかしら」と言い出して、慌てて近くのセンピオーネ公園まで拾いにいった。それらを自ら、いい具合に配置する。

当時は、中国人とのビジネスを展開していて、来客も中国人が多かった。そのときは、コーディネートにもオリエンタルを取り入れる。たとえば、部屋に白い龍の置物を飾り、食事の前に、ドライのライチをオリエンタルなお皿に盛りつけて出す、というふうに。

ミラノに〝カミカゼ〟が吹いた?

ようやくひと月を過ぎた頃だっただろうか。マダムの秘書が血相を変えて僕のところにやってきた。「話がある」と言われたが、怒られるようなことをした覚えはない。

マダムの会社の役員たちが待ち受ける会議室に入り席に着くと、いきなり請求書を突きつけられた。

僕がプライベートシェフに就任して以来、食費がなんと一万七千ユーロを超えたと言う。日本円にすると二百万円くらい。凍りつくような空気のなか、秘書のマルタがボソッとこうつぶやいた。

「ジャパニーズ・カミカゼ……」

そもそも事前に、予算を伝えられていたわけではない。

マダムは最高級の食材を用意しないとご機嫌斜めになるし、大勢のお客さんをもてなすことも多い。僕がズルをしているわけでないことは先方も承知していたから、セップクは免れたが、以降は、マダムの特別ルールと体重に加え、予算にも配慮して作るようになった。

とはいえ、厳密な意味で僕の雇い主は、旦那さんのマリオだ。彼は貴族の出身で、一度も働いたことがない。ミラノにたくさんの不動産を所有し、その所得で暮らしている。僕の給料や食材費も彼の懐から出ていたはずだ。

生粋のミラネーゼのマリオは、カツレツやトリッパの煮込みが食べられればそれで満足している。訪れてくる友達はほとんどいないし、連日連夜、オフィスや自宅で食事会を開催するマダムとは対照的だ。

しかもマダムは特別な予定のない日も、近所に住む友人たちを招いてカードゲームに興じ、夕食を振る舞う。上質な食材を使ってプロの料理人が作った料理だから、相手にとっては、じつにいい遊び相手だろう。

ところがあるとき、ついにマリオがキレた。

「なんで、こんなに毎日毎日、人が来るんだ！　家族だけで夕食をとればいいじゃないか」

ごもっとも、と言いたいところだが、僕にそんな権限はない。

「あなた、なんてひどいことを言うの？　そんなにいけないことかしら」

マダムは泣いて自室にこもり、マリオはイラリオを連れて、スイスの別荘に出かけてしまった。

その日マダムは、友達に電話をして延々と愚痴っていた。

「あの人と食事をしたって、お通夜みたいなものよ。お金があるんだから使えばいいじゃないの。テツという料理人がいて、使用人もいる。パーティーをしない方がおかしい。あの人はどうしてわかってくれないの……」

わかっていないのはマダムの方だと僕は思った。

マリオだって湯水のようにお金が湧いてくるわけではない。この頃、イタリアでは税制が変わって、富裕者への取り立ても厳しくなっていたのだ。

イタリア社会に残る、主人と使用人の線引き

ころころ変わる予定に翻弄され、おまけに家族はギスギス。そんなストレスフルな日々にさらに追い打ちをかけたのが泥棒だ。

ミラノ暮らしにちょうど慣れてきた頃だった。

帰ってくると、家のドアがない。

▶仕事の合間に、ドゥオモ近くにある「ラデュレ」でマカロンを買い食い。

▲マダムの所で残ったオマールエビは、まかないで晩御飯に。

取り換え中？　何かの工事？　あまりにありえない光景に頭が上手く回らないままなかに入ると、部屋が荒らされている。パソコンと数百ユーロが消えていたが、僕の部屋よりも一緒に住んでいた、レンツォの部屋の方がどう見ても派手に荒らされている。

　電話をかけて知らせると、レンツォは悲鳴をあげた。

　アルゼンチン出身の彼は、マダムの会社の雑用係で、マダムから提供されたこの部屋で、妻と子どもとともに暮らしていたのだが、近々ここを出て新しい部屋を借りることになっていた。その頭金としてまとまったお金を銀行から下ろしてきたばかりだったと言う。

　翌日には支払いに行く、まさにその間

の何時間かを狙った犯行だった。警察によれば、泥棒たちは、あらゆるところから情報収集しているらしい。レンツォが大金を部屋に置いていることも、あるいは、お見通しだったのかもしれない。レンツォの引っ越し資金は、仲間たちのカンパでなんとかまかなえたが、マダムは最後まで知らんぷりだった。

往々にして、主人は使用人に冷たい。

いや、冷たいと感じるのは、僕が階級のない日本の出身だからかもしれない。彼らは互いに立場が違うことを、しっかりとわきまえている。どんなに長年の付き合いでも、使用人は旦那さんやマダムのことを、決してファーストネームで呼んだりしない。

それは僕も見習った。旦那さんは、「シニョーレ」で、マダムは「シニョーラ」。ただしこの家の旦那さんは「シニョーレ」ではなく「ドットーレ」と呼ばせていた。博士や教授、医師など権威のある人に対しては、敬意を表してこう呼ぶ。

料理も、主人と使用人は、決して同じものを食べてはならない。旦那さんやマダムに作った料理が余ったからといって、使用人に分けてはならないのだ。僕は捨てるのがもったいなくてこっそり分けたりしていたけれど、彼らからすると絶対に許せない行為だろう。

ただし彼らが、貧しい人たちに仕事を与えることを義務として認識しているから、社会が成り立っているという面もある。

出会って二週間で結婚を決める

僕が結婚したのは、このミラノ時代だ。

夏に休暇で日本に帰国し、そのとき、妻と知り合った。滞在期間はわずか二週間だったが、その間に結婚を決め、妻は僕がイタリアに戻ってから、一人で長野まで僕の両親に会いに行った。

翌年の一月に婚姻届を出し、ミラノでの二人暮らしが始まった。

それまでは、「いつ辞めてもいい」と思っていたが、そういうわけにもいかなくなった。もともと思いつきで辞めるようなタイプではないが、それでも、これまで以上にしっかりと計画した方がいいだろう。

ところが、僕は最後までマダムのペースに巻き込まれっぱなしだった。

〝プラダを着た悪魔〟は、常に貪欲だ。どんなに満たされても決して満足することはない。彼女もまた優等生ではない生き方をしてきた人だった。

マダムとの別れの日が近づいていた。

注1 ルネッサンスを代表する絵画作品を数多く所蔵する美術館。街の中心部にあり、スカラ座やスフォルツェスコ城、ドゥオモからも近い。

注2 ポルタ・ガリバルディ駅からガリバルディ門に続く通りで、おしゃれなカフェやセレクトショップなどが立ち並ぶ。

注3 ブーツの形をしたイタリアのかかとの部分にあたる南の州。日本ではあまり知られていないが、実は美食の地で、オリーブオイルやワインの国内有数の生産地としても知られる。

recipe

プーリア産ムール貝とトマトのスープ仕立て

材料

プーリア産ムール貝、美味しいプチトマト、
エシャロット、生ハム、白ワイン、水、
EV（エクストラヴァージン）オリーブオイル、
にんにく、塩、こしょう、イタリアンパセリ

作り方

1. ムール貝をたわしで洗い、表面をきれいにしておく。
2. 鍋にEVオリーブオイル、潰したにんにくを入れて香りを出す。ただし、出しすぎないよう注意。
3. 2の鍋に、みじん切りにしたエシャロットと、小さく切った生ハムを加えてしんなりするまで炒める。
4. 3の鍋に1のムール貝を入れて白ワイン、水を加え、蓋をして貝の口を開ける。
5. 4のムール貝を取り出し、漉《こ》した煮汁を再び鍋に入れ、ムール貝を戻してカットしたプチトマトを入れ軽く温め、塩、こしょうで味をととのえる。
6. 皿に盛りつけ、刻みたてのイタリアンパセリとEVオリーブオイルをかける。

第5章

現代〝ピッツァ〟百珍

〝プラダを着た悪魔〟に仕える僕の毎日は、慌ただしく過ぎていった。

朝から市場を駆け回り、人数がコロコロ変わる会食の準備に追われるだけではない。

マダムの会社も家庭も、大小様々なトラブルが日々発生する。クライアントとの打ち合わせが終わると、マダムとマダムの会社で働く息子のアンドレアには、いつも険悪なムードが漂う。アンドレアは、人に頭をさげることができず、ビジネス向きではないのだ。

マダムの秘書から雑用を頼まれることもあった。駐車違反の反則金の支払いがそのひとつ。

イタリアでは、違反切符を切られると、郵便局で支払いをする。お金を渡すから行ってきてくれないか、というわけだ。金額がまた桁違いで、なんと千ユーロ（約十三万円）を超すこともある。

これはアンドレアの妻の仕業だ。浪費家の彼女は、大好きなショッピングに出かけては車を停《と》めっぱなしにして、毎回のように切符を切られているらしい。まったく懲りる様子はなかったが。

そして、マダムの娘のベアトリーチェは、使用人に対する態度がひどい。あれを買ってこい、これをやっておけと理不尽な要求ばかりする。

もっと、心穏やかに過ごしたい。

僕は、家でクラシック音楽でも聴きながら、ジャムをコトコト煮込んだりするのが好きなのだ。しかし、そんな時間は最後まで訪れそうになかった。

忍び寄る解雇の影

不穏な空気を感じたのは、働き始めて一年が経過した頃だった。ある日会社の役員から会議室に呼ばれた。

「最近どう？」

「どうって、マダムにやられっぱなしですよ。知ってるでしょ？」

「ところでテツ、もしかすると私たち、この先あなたを抱えきれなくなるかもしれないわ。すぐにではないけれど。マダムから何か聞いてない？」

何も聞いていない。

だが、これまで、いともたやすく人がクビを切られるところを見てきた僕はピンときた。解雇だ。最初からはっきりそう言わないのが彼らのやり方だ。

「マダムから、テツは奥さんと一緒に日本に帰りたがってるって聞いたんだけど」

そんなわけない。妻はミラノで大学に通い始めたばかりだ。

僕は、急いで弁護士のところに相談に行った。

「雇用契約はどうなっていますか？」

言われて初めて、僕自身も正式な雇用契約を結んでいないことに気が付いた。毎月の給与も現金払いだったのだ。

弁護士からは、次から役員に呼ばれたときは、ボイスレコーダーを携帯して会話をきちんと録音しておくようアドバイスを受ける。

企業相手に負けなしの凄腕《すごうで》弁護士を紹介してくれたのは、イタリア人の友人でアンドレアの元カノのマヌだ。

再び会議室に呼ばれたとき、僕は「これまで与えられた仕事はしっかりこなしてきた」と主張し、「このやり方はフェアではないと思う」と伝えた。

簡単には引かない姿勢を示したことで、交渉の余地が生まれた。相手も何かを察したようだ。何度かの面談のときも、僕は声を荒らげず終始堂々としていた。

そもそも雇われている側の権利は法律で守られている。

それを知らずに泣き寝入りしてしまう人も多いが、僕がここにきた頃、ちょうど入れ替わるように解雇された家政婦のペルー人のおばさんは、労働基準局に駆け込んで不当な解雇だと訴え、マダムとマリオはかなりの補償金を支払ったことを知っていた。

『プラダを着た悪魔』が幕を閉じる

最終的に、僕は月給の三、四ヵ月分にあたる金額を退職金として受け取ることで合意し、正式に退職が決まった。

あとで聞いたところによると、僕の後任は、僕がもらっていた給料よりもかなり少ない給料で雇ったらしい。マダムの会社の経営も順調とは言えなかったし、コスト削減の一環だったのかもしれない。

次のことはまだ決めていなかった。「エル・ブジ」を去るときほどお金に困っているわけではないし、日本に帰ってゆっくり考えればいい。

マダムは結局、僕との間で退職の話は一切しなかった。

最終日に僕にかけてくれた言葉は、「そういえば、テツは日本に帰るんだってね」。

ツッコミどころ満載だったが、僕は苦笑いするしかなかった。

邸宅を去り、自分の家で荷造りをしていたら、マダムの娘ベアトリーチェから電話がかかってきた。

「私の昼ごはんは？」

いや、だからもう辞めたんだって。

そう言いたかったけれど、言い返すのも面倒で邸宅に戻り、手早くランチを用意した。

二〇一二年七月、ミラノ版『プラダを着た悪魔』は、こうして幕を閉じた。

過酷な日々ではあったが、振り返れば、上流家庭で、生粋のイタリア人相手にイタリア料理を作るのは、貴重な体験だった。

自分の母国以外の料理を作る料理人は、時に「自分が作る料理は、果たして本物なのか」と不安を覚えることがある。いわゆる料理のアイデンティティ問題だが、この経験のおかげで、僕はいままで以上に、ぶれずにイタリア料理を作れるようになったと思う。

「ピザも作れないの？」

南イタリアのアマルフィで妻と一緒にのんびりと夏のバカンスを楽しみ、僕は日本に帰国した。

さて、次の仕事はどうしようか。

ミラノにいる間に、南米への興味はブラジルからペルーに移っていた。出会う南米人たちが口々に「いま面白いのはペルーだ」と言うのだ。僕が出会うペルー人たちも面白い人が多い。

ペルーのレストラン事情について調べていると一人の男に行き当たった。

男の名は、ガストン・アクリオ。彼は「料理の力で、国を動かす」と言われるほどパワフルな料理人で、国内の生産者とも積極的に交流していた。

彼の店**「アストリッド・イ・ガストン」**[注1]は、「世界のベストレストラン50」にランクインしたばかりで勢いがある。

ペルー出身の料理人に相談すると、「このところ希望者が増えているらしいから、すぐにはムリかもね」という。知り合いのなかに、直接この店を知る人もいない。さて、どうするか。手を出しあぐねている状態だった。

そんなとき、長野の実家で家族から「イタリアにいたんだから、ピザを作ってよ」とリクエストされた。

「ピザ？」思わず聞き返した。

「だって、イタリアといえばピザでしょ？」

「だけど僕はピザ職人じゃないんだよ」

仮にも星付きレストランで修業をしてきたのだ。ピザは高級レストランで出す料理ではない。そんなことはお構いなしに家族は追い討ちをかけてくる。

「そんなに長くイタリアにいてピザも作れないの？」

ピッツァか。

よく知られていることだが、料理のなかで「粉物」は、原価率が低い。つまり売れれば手っ取り早く儲《もう》かる。うどん、ラーメン、パンケーキ、パスタ、そしてピザ、どれもそうだ。お客さんにとっても気軽に食べられる料理で人気が高い。

悪くないかも。

将来、自分の店を持ったときにも選択肢の幅が広がりそうだ。三ヵ月くらいイタリアに行って、ピッツァ修業をしてみようか。

僕は早速リサーチを開始した。

本場ナポリのいくつかの店に目星をつけて、コンタクトを取ったが、まったくらちがあかない。昨日話したことが次の日には忘れられていて、また一から説明させられることもザラだった。

しかも彼らは「研修費」を要求する。

「生地を扱わせてやるし、窯の前にも立たせてやるから、一ヵ月千ユーロ払え」と言うが、僕はイタリア語も話せるし、料理の経験もある。そこまで高額な研修費を支払う必要はないだろう。

地元のピッツァ協会の認定証がもらえなくてもいい。何度そう説明しても彼らは「日本人は、みんな支払う」の一点張り。すでにそういう仕組みが出来上がっているようだった。

ピッツァ修業は、南より北がいい？

僕は考えた。ナポリには確かにピッツァの名店が多い。二〇一七年には、ナポリに伝わるピッツァ職人の技術がユネスコの無形文化遺産に登録された。しかしすべての店が素晴らしいわけではない。

イタリアにいる間に何度かナポリを訪れたが、ピッツァを食べた後、消化不良を起こすことがよくあった。

ナポリでは、ピッツァを焼くとき、四百から四百五十度以上になる大きな窯を使う。焼き上がりまでは、わずか一分ほどだが、並べ方によっては、しっかりと生地に火が通っていないことがあるのかもしれない。

ピッツァ生地の発酵や、成形、焼き方についてきちんと理論的に学びたいと考えた僕は、イタリアの星付きレストランで働いている友人に相談をした。

すると、「北にすごいピッツァ職人がいるんだよ。これまで見たこともないようなピッツァを焼くんだ」と教えてくれた。

その職人の名前は、レナート・ボスコ。どんなピッツァを作るんだろう。調べてみると、彼の店「サポーレ」注2は、イタリアの有名なグルメガイド「ガンベロ・ロッソ」ピッツァ部門の初代チャンピオンだった。

右から二人目がレナート。
地元の仲間とのコラボディナーでの一枚。

その頃、北イタリアでは革新的なピッツァを出すピッツァ職人たちに、注目が集まっていた。

生地を低温でじっくりと発酵させたり、石臼挽《ひ》きの小麦を使ったり、トッピングにこだわったりするなど、どんどん新しいスタイルを生み出している。

その筆頭が、レナート・ボスコだ。

「彼のところで働きたい」と思った僕は、早速履歴書を送った。

レナートはすぐに興味を示してくれたので、僕はさらに、これまで自分がやってきたこと、

「サポーレ」の店内。

将来のヴィジョン、レナートのところでどんなことを学びたいか、どんな点で彼の店に貢献できるかを伝えた。

ナポリのときとは違って、面白いほどスムーズに話が進む。もちろん研修費なんて必要ない。「いま、会計士と話をしているからしばらく待ってほしい」と連絡があり、ほどなくして契約内容が決まった。期間は半年で、希望通りの給料と家を用意してくれるという。

「僕はピッツァ職人で、テツは料理人。互いの力を合わせれば新しいピッツァが作れるはずだ」とレナートは言う。彼が僕を必要としていることが、うれしかった。

「サポーレ」は、イタリアのヴェネト州第二の都市ヴェローナ[注3]からさらに車で三十分ほどの小さな村にある。

この店を訪れるのは、イタリア全土からの客たちで、海外からはるばるやってくる客も少なくない。

日本では、有名レストランは東京に集中しているが、イタリアは、そうではない。客たちは、いい店があると聞けば、こんな小さな村にもわざわざ長時間車を走らせてやってくる。

イタリア人にこうした習慣が根付いたのは「スローフード協会[注4]」の功績も大きい。伝統的な食文化を守ろうと立ち上がった彼らは、自分たちが定めた基準を満たすレストランを認定し、支えた。

フランスのグルメガイド「ミシュラン」を発行しているのがタイヤメーカーなのは有名な話だが、両国には、豊かなレストラン文化を育む土壌がある。

ピッツァ職人は発酵学ハカセ

レナートは、修業経験はないが、若い頃からピッツァ一筋で、ずっと独学でやってきたという。

「エル・ブジ」なんて聞いたことがないと言うが、発酵については徹底的に研究していた。粉や生地の扱い方を工夫してはピッツァの可能性を模索、その成果を毎年ミラノの料理学会で発表して高い評価を得ていた。

彼のピッツァは、一枚二十ユーロ以上とナポリのピッツァの何倍もするが、いい素材を使い、時間をかけて作っているから当然、という理解が客たちにあるのは、じつに幸せなことだ。

彼が店で使っていたトマトの瓶詰《びんづめ》は、僕も取り寄せて使っている。よく売られているトマトの水煮缶よりも、断然トマトの風味がよく、水で薄められてもいない良品なのだ。

ピッツァ修業の朝は早い。

スタートはなんと早朝五時だ。生地の仕込みをしてランチの客を迎え、午後三時半くらいまで通しで働き、三時間休憩して、今度は夜の営業だ。

発酵は時間との戦いで、一分でも作業が遅れると、ピッツァ生地の状態が変わるから息をつく暇がない。

レストランでは必ずある賄いの時間も、ここにはなかった。手の空いたときに、そこらにあるピッツァをかきこんで終わり。そんな状態が深夜の十二時まで続く。僕は毎日ヘロヘロになって家に戻っていた。

レナートが用意してくれた家は、かなり奇抜だった。

たいていの人は、そこに「家」があると気付かない。友人が遊びに来たときも「けっこういい家だね。どっち?」と聞くから、「いや、その真ん中だよ」って。ん? よく見るとそこに家らしきものがある。二軒の家の間のかろうじて人が暮らせる程度のスキマに無理やり作ったのが僕の家だった。

レナートのところには外国人スタッフも大勢いたが、家まで用意してもらったのは僕だけ。そんな待遇で外国人を雇うのは、彼にとっても挑戦だったのだろう。

ヴェネト州は、僕がこれまで行ったなかでは、もっともお金が回っている印象だ。ミラノよりも断然、街並みが整備されている。観光にも力を注ぎ、しっかりと投資を回収している。

レナートの店もそういう意味では、ケチケチしていなかった。家は例外だったけれど!

新作ピッツァを次々と発表

「サポーレ」は、ピッツァをコースで出していた。

薄いナポリタイプのピッツァ、フォカッチャのような厚みのあるピッツァなど、発酵の仕方や粉の種類、トッピングが異なるピッツァを順に出していく。

毎年ミラノで開催される料理学会「イデンティタ・ゴローゼ」で。

スタンダードなピッツァは、生地にトッピングをしてから焼くが、ここではチーズも生地を焼いた後に乗せる。だから具材の味はより鮮明になる。それ故コース仕立てにしても飽きがこない。

僕がレナートに提案したのは、蒸すピッツァや茹《ゆ》でるピッツァ。ピッツァは窯に入れて焼くという概念をひっくり返したのだ。そんな発想ができたのは、僕が料理人だからだろう。

蒸すピッツァは、中華まんみたいにふっくらと軽い感じに仕上がる。

このふわっとした食感は、イタリア人にとっては初体験で、かなり衝撃的だったようだ。なかには、ブッラータというフレッシュチーズを入れる。モッツァレラよりもさらにミルキーで、もちもちと

▲ピッツァ生地の成形。全四種を常時作る、ピッツァ屋としては異例の職場。

◀チャバタ生地の仕込み。

した上質なチーズだ。

茹でるピッツァは、ベーグルのように表面がつるんとした仕上がりになる。しかも茹でることで食感がベーグルのようにもちもちに。粉の風味がしっかり感じられるのもよかった。

これらのピッツァは、レナートと一緒にミラノの料理学会で発表し、それなりの評価を得た。

レナートは、「サポーレ」以外に、テイクアウトの気軽なピッツァの店も持っていて、こちらも大繁盛していた。その収益があるから、最先端の店を維持できる。

なかなかのビジネスマンだけど、人使いは上手くない。気にくわないとすぐに解雇しようとするから、何度となくもめ

▲生ハムとブッラータチーズのトッピング。

▲僕が開発した蒸すピッツァ。料理学会で大好評だった。

▲フォカッチャのような厚みのあるピッツァ。焼き目はパリッとしてとても軽い。

ていたし、彼の店ではイタリア人は生地を扱う仕事を任せてもらえない。

以前、片腕として働いていたスタッフの裏切りにあったからだ。そのスタッフは退職後に、レナートの店のすぐ近くで、レナートの店よりも安い価格でピッツァを出す店を始めた。

レナートはかなりショックを受けたらしく、以降、大事な仕事をイタリア人に任せなくなった。

そんなふうにちょっと独善的なところもあるが、僕との関係は良好で、六ヵ月だった店との契約は、レナートの希望で九ヵ月に延長した。

レナートは、これからもずっと一緒に店をやっていきたいと言ってくれたが、もう、南米行きを引き延ばすわけにはいかなかった。

ただし僕は、その後もレナートとともにミラノの料理学会で登壇している。レナートにとっては、僕とのプロジェクトはいまも継続中なのだ。

僕は、イタリアでのピッツァ修業を終え、いよいよ待望のペルーへと向かう。

注1　ペルーの首都リマにあるレストラン。カリスマシェフ、ガストン・アクリオが経営。「世界のベストレストラン50」には二〇一一年に初入賞。以降二〇一七年までランクインしている。

注2　ヴェネト州のヴェローナから車で三十分ほどの小さな村にあるレストランで、ピッツァ職人レナート・ボスコが作る様々なタイプのピッツァをコース仕立てで提供する。イタリアのグルメガイド「ガンベロ・ロッソ」ピッツァ部門では常に上位にランクイン。

注3　ヴェネト州はアドリア海とアルプス連峰に挟まれたイタリア北部の州で州都はヴェネツィア。ヴェローナはヴェネツィアに次ぐ第二の都市で、「ロミオとジュリエット」の舞台としても知られる。D.O.Cワインのヴァルポリチェッラの産地。

注4　一九八六年にイタリアのピエモンテ州で始まったスローフード運動を提唱した団体。伝統的な食文化を守るためにはどうすべきかを真剣に考え、そのためのサステイナブルなシステムを提案、実践している。農畜産物や加工品、食品やワインなどの調査を行い、基準を満たすものを認定品に指定。レストランについても同様に認定を行う。

recipe

茹でるピッツァ

材料

小麦粉、ライ麦粉、天然酵母、水、塩、
グラニュー糖、EVオリーブオイル、好みの具

作り方

1. ミキサーに小麦粉、ライ麦粉、天然酵母、水、グラニュー糖を入れて混ぜ合わせる。
2. 1の生地が全体的にまとまったら、塩、EVオリーブオイルを加え、再び混ぜ合わせる。
3. 2の生地を一次発酵させ、ミキサーから取り出し、ガス抜きをして丸く成形する。
4. 3の生地を二次発酵させる。
5. 丸いパイ皿に円形に伸ばし、さらに発酵させる。
6. 鍋に塩を加えた水を沸騰させ、生地を裏返しに入れて茹でる。
7. 鍋から生地をすくい出し、再びパイ皿に乗せて好みの具をのせ、オーブンで焼く。

第6章

南米初上陸に野犬の洗礼

Peru

エクアドル
イキトス
アマゾン川
ラマス
タラポト
チクラヨ
ブラジル
アンデス山脈
ペルー
マヌー国立公園
プエルト・
マルドナード
リマ
カニェテ
クスコ
ボリビア
ナスカ
N

九ヵ月に及ぶピッツァ修業を終え、ついに待望のペルーへ向かう日がやってきた。

南米大陸の太平洋岸にあるペルーは、ブラジルやチリ、エクアドルなど五つもの国境を持つ国だ。南北三千キロに延びる海岸線の沿岸部に沿うように標高六千メートル級のアンデスの山々が連なり、その背後に、緑におおわれたアマゾンが広がっている。

豊かな風土は、豊かな文化を育んだ。

神秘的なナスカの地上絵や、インカ帝国の栄華をとどめる空中都市マチュピチュなど、世界から観光客を集める遺跡があちこちにある。

色とりどりの衣装を身に付けた原住民たちの姿や、フォルクローレ音楽に興味をもつ人も多いだろう。

そして、日系人も数多く暮らしている。

一九九〇年にアジア系として初めて大統領に選ばれ、十年間大統領を務めたアルベルト・フジモリは、日系二世。影響力のある女性政治家ケイコ・フジモリは、彼の娘だ。

僕にとっての魅力は、なんといっても食材の豊富さにある。

アンデス生まれのジャガイモだけでも、何百もの種類が揃う。とうもろこしや唐辛子、カカオやコーヒーなど南米大陸で生まれた野菜やフルーツは、いまや世界中の食卓で欠かすことのできない存在だ。

調理場で食材と向き合うたびに、これはどんな土地で大きくなって、そこでどんなふうに料理されているのかと想いを巡らせる僕にとっては、どうしても足を運びたい土地だった。

そんな熱い想いを胸に抱いていたわりに、肝心なことが抜けていた。

ひとつは「ESTA」[注1]。

イタリアからペルーへは直行便がなく、スペインのマドリッド、アメリカのマイアミ経由でペルーのリマへと向かう予定だったが、いきなりマドリッドの空港で「ESTAがないとアメリカには入国できません」と足止めをくらった。

ESTAとは、電子渡航認証システムのことで、事前の申請が必要なのだが、僕は、「ESTAって何?」状態。

ヤバい! 飛行機の出発時間は三十分後に迫っている。

あわあわとしていたら、「インターネットでも申請できるから」と教えられ、僕は空港中を走り回ってパソコンが使えるところを探した。

申請ができるサイトを開き、猛スピードで必要項目を入力。なかなか切り替わらない画面がもどかしい。認証されなかったら、チケットは買い直しか。そんな算段を始めた頃、ようやく画面が切り替わり、ギリギリセーフで申請完了！　まさに間一髪だった。

長距離バスで向かった先は？

そこからペルーの首都リマまではスイスイといった。深夜、空港に到着した僕を出迎えてくれたのは、僕が修業することになっていたレストラン「エル・ピロート」のロミだ。

ペルーを目指す一番の目的は、ペルーのカリスマシェフ、ガストン・アクリオの店で働くことだったが、僕は、一直線にガストンの店を目指すことをあえてしなかった。スペインの「エル・ブジ」での教訓があったからだ。

世界最先端のレストランの調理場で経験を積んだ僕は、レシピ通りに料理を再現することはできるようになっても、料理を自分のものにしたという実感がいまひとつもてなかった。

ベースにあるカタルーニャの伝統料理のことを知らないから、本質的な理解ができていないように感じるのだ。

最先端のガストンの店で働く前に、しっかりとペルーの伝統料理を学んでおこう。そう考えた僕が、伝手をたどってコンタクトを取ったのが「エル・ピロート」だった。

このレストランの始まりは、ローザという女性が、トラックの運転手たちのお腹を満たす料理を出すドライブインだ。美味しいと評判になったのは、もう何十年も前のこと。

いまはローザの息子や孫娘たちがあとを継ぎ、レストラン三店舗を経営するほどになっている。空港へ迎えに来てくれたロミは、ローザの孫娘にあたる。

「はじめまして。テツです」

「ようこそ。私はロミよ」

挨拶を交わすと、すぐにロミは歩き始めた。どこへ向かうかという説明は一切ない。駐車場なのか、それとも？

辺りは真っ暗で、頼りになるのはロミだけ。でも本当に、この人を信用していいのだろうか。第一、僕はどこに向かっているの？　大丈夫なの？　そんな疑問で頭がぐるぐるし始めたとき、ようやくバスターミナルにたどり着いた。

しかしそこに停まっているのは、塗装がはげて車体のあちこちが凹《へこ》んでいるバスだった。窓には金網がかかっていてまるで護送車だ。深夜だというのにバスターミナルは人で溢《あふ》れかえっている。

これまで先進国にしか行ったことがなかった僕は、この展開についていけない。

ロミは、さっさとバスに乗り込む。僕も慌ててスーツケースを運び入れ、シートに腰を下ろした。

バスが走り始めると、ロミはすぐにスヤスヤと眠ってしまった。深夜だからそれも当然だが、どこへ向かっているのかすらわからないから、おちおち寝るわけにもいかない。

バスは、真っ暗な道を走る。十五分、二十分。街に近づくどころか、どんどん遠ざかっていくようだ。どうやら僕が向かっているのは、リマではないようだ。

としたらどこ？

準備不足その二は、行き先がわからない。

僕は「エル・ピロート」は、なんとなくリマにあると思い込んでいた。カニェテという地名は聞いていたが、リマにある通りの名だろうと思ってよく調べもしなかったのだ。

道路は、あっという間に舗装されていないデコボコ道になった。

道を照らすのは、ブレーキランプのような赤い色の街灯。それがポツリ、ポツリと立っているだけで、他は何も見えない。街灯の下には野犬たちが群れをなし、辺りには、ただならぬ雰囲気が漂っている。

目の前に広がっていたのは真っ暗な砂漠

そしてバスは、ひたすら暗闇を行く。一時間が過ぎ、二時間が過ぎてもロミは起きない。

バスがいきなりゲリラに襲撃されるってことはないよね？　ないない。

にしても僕は、いったいどこへ向かっているんだろう？　不安はじわじわと広がり、自分がなぜここにいるのかもわからなくなってくる。

不安に押しつぶされそうでどうしようもなくなっていたとき、ようやくロミが起きた。

「降りましょう」

やっと目的地に着いたのだ。

安堵《あんど》した僕の目の前に広がっていたのは、真っ暗な砂漠。野犬たちの遠吠《とおぼ》えが耳に響く。

それが、はじめてのペルーだった。

「あそこ」

前を歩くロミが指さした場所には、何軒かの小さな家が並んでいる。どの家もジャンプすれば飛び乗れそうなほど屋根が低い。日本では建設現場で休憩所として使うようなプレハブが三つくらい連なって一軒の家になっていて、一帯には、ものものしく有刺鉄線が張り巡らされている。

再び、緊張が走る。

入り口には大きなゲートがあって、ロミが門番にIDカードを見せると、重い鉄の扉がギーッと大きな音を立てて開いた。

日本では、厳重なセキュリティが敷かれていると聞くと、どんなお屋敷《やしき》かと思うけれど、ペルーでは、普通に暮らすためにこうした厳戒態勢が必要なようだ。

僕は、ロミが子どもたちと暮らしているところに居候させてもらうことになっていた。

荷を解き、布団に入る頃には緊張も解けた。

その頃には、カニェテは、ペルーの地方にある町だということをうっすらと理解していた。遠くからは、相変わらず野犬たちの吠える声がする。

長い一日はこうして幕を下ろした。

料理修業は唐辛子の掃除から

翌朝、僕は騒々しいクラクションの音で目をさました。表の通りを何台ものモトタクシーが走りぬけていく。

モトタクシーは、バイクの後ろに二人ほど乗れるようなホロ付きの座席を取り付けた乗り物で、ペルーでは日常的な公共交通機関だ。舗装されていない道路は、砂ぼこりと排ガスにまみれていた。

店の責任者は、ロミの父カルロ。僕は、彼に「ペルー料理を学びたい」と伝えてあった。家と食事だけ用意してもらえれば、給料はいらない。カルロは、そんな僕の希望に、誠実に応えてくれた。

店には八時半ごろに入って、少し働いたら朝ごはんが始まる。それからまた仕事をして、次は昼ごはんだ。十一時半が営業開始だが、お客さんが入り始めるのは十三時過ぎ。営業時間は十七時までで、夜の営業は、なかった。

僕は、冷菜部門担当のマリアという女性について、唐辛子の掃除の仕方から習った。

「エル・ピロート」では、鮮やかなオレンジ色をした「アヒ・アマリージョ」と、小

◀ペルーの人気料理、マッシュポテトを使った「カウサ」。

▶アヒ・アマリージョとそのペースト。

粒の「アヒ・リモ」、それから肉厚の「ロコト」という三種類の唐辛子を使っていた。

「カウサ」という黄色いペルー風マッシュポテトに使うのは、アヒ・アマリージョのペースト。このペーストももちろん自分たちで作る。

魚は毎日漁師が売りにきた。落語の「芝浜[注2]」の世界だ。仕入れた魚や貝の掃除は、僕の担当だった。

人気料理は、生の魚をマリネした「セビーチェ」。ペルー人の大好物で、専門店もあるほどだ。

ここに来るまで、僕はマリネ液には、ライムを使うと思っていたのだが、実際に使っているのは、ライムではなくペルーのレモン。ライムとも日本のレモンとも違う爽快な香りがした。

マリネするときに隠し味として加えるのは、「タイガーミルク」だ。魚のアラから取った出汁に、にんにくやたまねぎ、しょうがなどを加えて、ミキサーで回したもの。

これが味の決め手になるから、どこのレストランも力を注ぐ。

目安はだいたい一リットルの水に五百グラムの魚介類。なかなか高級な調味料だ。それを毎朝作って夜になれば捨てるというのだから、ペルー人がいかにこれを大切に思っているかがよくわかる。

いまも僕がよく作る「チチャロンサンド」はこの時期に出会った。豚のバラ肉を低温でじっくり揚げて、スライスした赤たまねぎと

▶左端は、店の最古参のおばさん。彼女が作る料理が一番美味しい。

▲エル・ピロートにはサッカーチームがある。ローザ（中央）と、彼女の二人の娘。

一緒に丸型のフランスパンではさむのが一般的だ。もともとはペルーに渡ってきた黒人たちの料理で、朝ごはんがわりによく食べた。

この国は、経済的には決して豊かではない。だけど、美味しいものを美味しいと喜ぶ食文化がある。僕は毎日ペルーで愛されている伝統料理をペルー人とともに作り、食べた。そうして、ペルーとの距離を縮めていった。

喉とお腹はいきなり絶不調

ここでの生活は、けっこう空き時間があった。レストランの営業はランチのみだし、スタッフの人数も多く、手が足りている。

日本のレストランでは、「やることがないときも、自分にできる仕事を探せ」と指導されるけれど、ここではそんな堅苦しいことは言われない。

僕は新聞を読みながら、わからない単語を教えてもらったり、料理についてマリアに質問したりして過ごしていた。

豚バラ肉をたっぷり挟んだ「チチャロンサンド」。

ある従業員は、借金を返すため夜にタクシー運転手の仕事を掛けもちしていて、昼間はいつも眠そうにしていた。トイレに行って一時間くらい帰ってこないこともある。それでもみんな「疲れているんだろう」と見守っている。そんな穏やかな空気が心地よかった。

しかし、体は悲鳴をあげていた。

まずはお腹。

到着して数ヵ月間くらいは腹を下さない日の方が少なかった。生野菜は食べないようにしていたけれど、一向に治らない。特定の食材に当たったというよりも、ペルーという国で暮らすのに欠かせない免疫を作る時間が必要だったのだろう。

病院で渡されたのは薬ではなく注射器

次に、気管支がやられた。

喘息《ぜんそく》のように咳《せき》が止まらなくなってしまったのだ。ロミたちがしきりに病院を勧めてくれて、診察を受けたところ、病名は、気管支喘息。

医師から渡されたのは、白い液体の入ったアンプルと注射器だった。

「エル・ブジ」では、料理に注射器を使っていたけれど、さすがに自分の体に打ったことはない。そんな超初心者の僕に、医師は、「腕じゃなくて、お尻に打つんだよ」と教えてくれただけだった。

でも、どうやって？

すごすごとうちに戻り、早速、注射器をもった手を後ろに回してみる。いやムリ。

鏡の前に立ってみる。やっぱりムリ。

自分で打つことを諦めた僕は、広場に行って、そこにいる人たちに尋ねることにした。

「これ、病院でもらったんだけど、どうやって打てばいいの？」

「角を曲がったところに白い家があるから、そこのおばさんに頼めばやってくれるよ」

一人の女性がそう教えてくれた。

どんなに困ったことがあっても、この国では必ず誰かが助けてくれる。僕はすぐにおばさんの家へと向かった。

白い家の扉を叩く。反応はない。

今度は、もっと乱暴に叩いてみる。やっぱり出てこない。

諦めて帰ろうとしたときに奥から出てきたのは、ネグリジェ姿で、頭にシャワーキャップをかぶったおばさんだった。

その瞬間、互いにフリーズした。

僕もぎょっとしたけれど、おばさんだって、いきなり自分ちに、注射器をもった東洋人の男が来たら驚くだろう。

事情を話すと、ぶっきらぼうに「入んな」とひと言。

茹でたジャガイモを乗せたお皿や調味料が、ところ狭しと並ぶテーブルに手をつき、僕はお尻を出す。いきなり打とうとする彼女に、僕は小声で訴えた。

「消毒……」

「ああ」と面倒くさそうに僕のお尻を拭き、注射器をお尻に当てる。

なかの白い液体は、意外とねばっこくて、なかなか皮膚に入っていかない。時間をかけようやく一本打ち終わって、本日分終了。

心なしか、咳が治まった気がした。

懲りない僕は、翌日も注射器をもって白い家を訪れた。

三日目は、かねてからリマ行きを計画していた。注射は効いているみたいだから続けたい。相談したら、「リマなら薬局でやってくれるから」と言う。

言われた通りリマで薬局に入りアンプルと注射器を見せたら、すぐに打ってくれた。

一週間くらいすると、気管支喘息は、すっかり回復。

以来、咳に悩まされたことはない。

市場でも強盗や殺人が日常茶飯事!?

ペルー料理の基礎を学ぼうと思っていた僕は、市場へもよく足を運んだ。しかしそこは地元民にとっても危険な場所だった。公設ではなく無認可の市場で、警察の権力が及ばない。

実際カルロの奥さんもここで買い物をしようと財布を取り出した瞬間に、誰かに棒で叩かれてうずくまり、財布を奪われたことがあったらしい。

もちろん犯人は捕まらない。彼らにとっては、それが日常の光景なのだ。

市場の前に、かぼちゃを積んだトラックでやってきて、売りさばくおじさんがいた。あるときから見なくなったので、顔見知りに聞いた。

「かぼちゃおじさん、最近見ないね」

「あいつ、殺されちゃったよ」

「なんで？」

「儲けすぎて、恨みでもかったんじゃないの？」

あっけらかんとしたものだった。

カニェテの市場。

警察が動いている様子もなかったが、そもそも通報すらされなかったのかもしれない。

ペルーでは、警察官はあまり頼りにならない。給料は安く、真面目に仕事をしない人も多いのだ。職務質問してくるのは、ほとんどの場合、事件の捜査のためではなく、賄賂の要求と思って間違いない。

すぐにポケットに小銭をねじ込まないと、解放してくれないのだ。ひどい場合は、乗っていた車のシートに、あらかじめ用意していた麻薬を投げ込み、「これはなんだ？」とやる。そうなる前にとっとと支払った方が得策だ。

僕は、これまでに何度も環境を変

えてきた。スペインやイタリアは、どこへ行ってもだいたい想像はつく。

ところがペルーは、まるで違っていた。

根っこにあるのは、貧困だ。家の造りも街並みも、商売のあり方も、すべてがこれまで体験してきたものと、明らかに違う。

僕のペルーでの暮らしがこの町から始まったというのは、かなり強烈な体験だった。

眼光が鋭く、できれば関わりたくないと思ってしまうような人たちが大勢いるし、一歩入るなり、「ここは危険だから歩かない方がいい」と五感に訴えかけてくるような通りも多い。

ペルーで暮らすための警戒心を養えた、という意味ではよかったのかもしれない。かつてこの国では、極左暴力組織「センデロ・ルミノソ[注3]」が激しく破壊行為を繰り返したこともあった。いまは沈静化したが、貧困とその先にある暴力は、日常との距離が近い。

物価は驚くほど安いから、生活にかかる費用も少ないが、日本の大卒者の初任給が二十万円くらいなのに対して、ペルーは四万円弱と聞くと複雑な想いが交錯する。

それでも楽しく過ごせたのは、ペルー人の温かさが心地よかったから。

彼らはいつだってポジティブで、ちっともギスギスしていない。いつでも誰にでもフランクで親切で、だから、付き合いやすい。

ペルーの伝統料理をひと通り学んだ僕は、いよいよ念願だったガストン・アクリオの店へと向かう。

どんな政治家より人気があるとも言われる社会派シェフの仕事ぶりを間近で見るまたとないチャンスだ。

彼は、その後の僕の料理人人生にも大きく影響を与えることになる。

注1　二〇〇九年に制定された電子渡航認証システム。二〇一〇年九月からは米国への渡航に際し、ビザが免除される国のパスポートをもつ者は、十四ドルを支払い、認証を受けなくてはならない。なるべく渡航数日前までには完了させておきたい。

注2　古典落語の演目のひとつで、魚の行商をしている男が主人公。男は、ある朝、大金の入った財布を拾い大喜び。しかしいつの間にか財布は消えていた。女房はそんな財布は見たこともないというが……。夫婦の機微を描いた人情噺《にんじようばなし》。

注3　一九七〇年代に台頭した極左暴力組織。正式名称はペルー共産党。国内各地でテロ行為を繰り返していたが、九〇年代に入り幹部が次々と逮捕され、次第に活動は沈静化した。

recipe

エル・ピロートの チチャロンサンド

材料

丸型のフランスパン、豚バラ肉のブロック、
カモーテ（オレンジ色のサツマイモ）、赤たまねぎ、
ミント、塩、レモン汁、ラード

作り方

1. 豚バラ肉に塩をして一晩寝かす。
2. 1の豚バラ肉を軽く水で洗い、柔らかくなるまで2〜3時間茹でる。
3. 赤たまねぎは、スライスして軽く水にさらしておく。
4. 鍋でラードを溶かし温めて、2の豚バラ肉を適当な厚さに切り、カリッとするまで揚げる。カモーテもスライスして揚げる。
5. 3の赤たまねぎと、みじん切りにしたミントを塩とレモン汁で味付けする。
6. フランスパンを横半分にカットして、4の豚バラ肉、カモーテ、5の赤たまねぎとミントのサラダをはさむ。

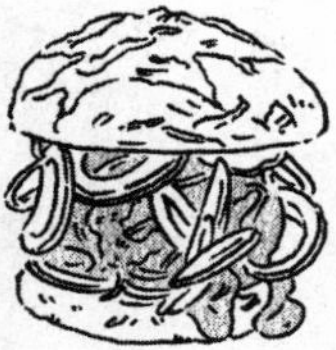

第7章

料理で国を動かす男

ガストン・アクリオ——。

ペルーのカリスマ料理人であり、大統領選に出馬すれば当選間違いなしと言われる男。ペルーの食文化を世界に向けて発信してグルメたちを惹きつけ、国民に大きな希望を与えた。

彼のことは、アマゾンの住民たちもよく知っている。

僕がアマゾンに行ったとき、市場でパンを焼いて売っている少年たちと出会った。「美味しい」と伝えると、はにかんだような笑顔を見せる。

会話が弾み、「これから、どんなことがしたいの?」と聞くと、輝くような笑顔でこう言った。「いつかガストンに、僕たちが焼いたパンを食べてもらいたい」。

アンデス地方でジャガイモを育てている人たちは、珍しい品種のジャガイモがあると、まずガストンに届けるのだと聞く。そのジャガイモを見たガストンは、ペルー国内の有力シェフたちに知らせる。すると直ちにオーダーが入る。

漁師たちも同様だ。

美味しい魚がたくさん獲れるのに、上手くさばけない。そこにガストンが目を向けると、たちまち流通経路ができあがる。

ペルーの豊かな食に、世界からの注目が集まっている。

その一端を担っているのが彼だ。

料理人であり、国家のPR担当の役割も果たす。「国を動かす力がある」と言われるのは、決して大げさではない。

経営するレストランは、高級店の「アストリッド・イ・ガストン」にとどまらない。セビーチェ専門店「ラ・マール」、串焼き専門店の「パンチータ」、ファストフードのチェーン店「パスクワーレ・エルマノス」など、その店舗網は南米だけでなく、ヨーロッパやアメリカにも広がり、グループ全体で莫大《ばくだい》な売り上げを記録している。

さらに料理学校を経営し、自らを題材にした映画まで製作するなど活躍の場は広がるいっぽうだ。その映画『料理人ガストン・アクリオ　美食を超えたおいしい革命』は日本でも上映されたから、ご存知の人もいるかもしれない。

僕が後にアマゾンへ行き、そこの食材に目を向けるようになったこと、カカオ村と出会い、村の人たちと協力しあってカカオビジネスを手がけるようになったことは、間違いなく彼の影響だ。

名家出身のお坊ちゃま料理人

僕がペルーを目指したのは、ガストンの存在が大きい。

彼の活動は、料理人という枠を超えている。そのスケール感は、僕がこれまでに出会ったどの料理人とも違う。

体つきは大柄で、髪はモジャモジャ。コックコートを着ていないときは、たいていラフな格好をしている。顔を見るとつい声をかけたくなるような親しみやすさと、困ったときは頼りにしてしまう信頼感は、リーダーとして不可欠の資質だ。

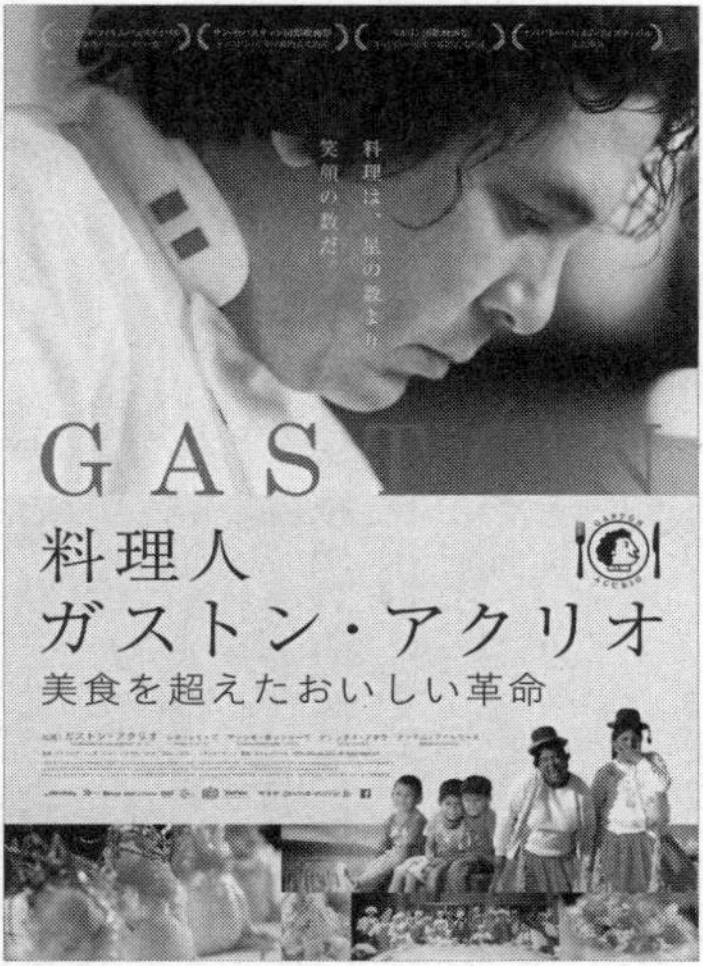

『料理人ガストン・アクリオ　美食を超えたおいしい革命』提供：スタイルジャム
©2014 Chiwake Films, All Rights Reserved

僕が興味をもつ料理人は、なぜかみな恰幅がいい。ガストンもしかり。ふっくらとした体で鍋をかきまぜている様子を想像すると、自然と美味しそうだと思ってしまうからだろうか。そういう僕もどちらかと言えば、恰幅がいい方だ。

ただし、彼の作った料理が食べたいか、と聞かれると、答えるのが難しい。仕入れたジャガイモの皮を、彼が自分でむいて調理することはほとんどない。

政治家の父をもつ名家出身の彼は、親から弁護士になるよう勧められスペインに留学した。しかし司法に興味がもてず、パリへ移り料理学校「ル・コルドン・ブルー」[注1]に入学してしまう。卒業後、ドイツ人の妻を連れて帰国し、一九九四年にオープンしたのが「アストリッド・イ・ガストン」だ。

スペインへの留学も、パリの「ル・コルドン・ブルー」への転校も、そして帰国後すぐに自分の店が持てたのも、背景には、肌の色が白い彼の恵まれた出自がある。というのは、ペルーでもやはり肌の色による経済格差が存在する。国家が成立する過程で支配する側にいたのは、肌の白い人たちなのだ。自身の持つ強みを最大限に生かしていると言えるだろう。

この経歴からわかる通り、彼はペルーの土着的な料理に詳しいわけではないし、料理人としてじっくり修業を積んだこともない。

「アストリッド・イ・ガストン」では、ヨーロッパの一流レストランと比べても遜色のない洗練された料理を出す。食材はペルー産のものを使うから、そこに目新しさが加わり、世界を渡り歩くグルメたちにとっては、じつに魅力的に映ったはずだ。

大勢のスタッフを抱え、自分が看板となって事業をどんどん大きくしていくのが彼の仕事のやり方で、自ら調理場に立ってフライパンを振ることはほとんどない。

僕がペルーで最初に彼の店を目指さなかったのは、彼のレストランで出す料理が、土着的な料理ではないことが大きい。まずどこか別の店でベーシックな技法を身に付けておかないと、ペルー料理とのいい関係は築けないだろうと考えたのだ。

「氷は丸く切れる？」責任者の意外な質問の意図は？

当時「アストリッド・イ・ガストン」は、前年に新設された「南米のベストレストラン50」で一位を獲得したばかりだったから、お客さんだけでなく研修希望者も引きもきらない状況で、伝手のない僕がすんなり入ることは難しいように感じていた。

とはいえ、準備を進めなくてはならない。ペルーに来て三ヵ月が過ぎた頃に一度メールを送ったが返信はなかった。

ところが、ひょんなことからガストンの店でバーの責任者をしている男性と知り合い、早速、面接を申し込んだら、すぐに会ってくれるという。

場所は、リマのジェラート屋さんだ。

テーブルに運ばれてきたジェラートには、クマの形をしたグミが乗っかっている。大の男二人がカチンカチンに冷えたグミを噛みながら、神妙な顔つきで話す。

「氷は丸く切れる?」

「はい」

確か「エル・ブジ」でそれに近いこともやっていたし、できなくはないだろう。

「ラムはやっぱり○○のがいいよね。飲んだことある?」

「いえ、僕はまだ」

「**ピスコ**[注2]っていうのは……」

さっきから酒の話ばかりだ。不審に思って聞いてみた。

「僕は、料理人志望なんですけど、バーのことも関係があるんですか?」

「おまえ、バーテンダー志望じゃないの?」

彼は、てっきり僕がバーテンダー志望だと思っていたらしい。僕が渡した履歴書を見れば、そんなはずがないことはわかるのだが。

店に帰って、料理人の採用担当者に履歴書を渡してくれる、ということで話がつき、僕はカニエテに戻った。

その日、部屋でPCを開くと、見知らぬ人からメールが届いていることに気付いた。

開くと、なんと以前、僕が「アストリッド・イ・ガストン」の採用担当者に送ったメールへの返信で、迷惑メールに分類されていたようだ。

日付を見ると、僕がメールを送ってすぐに返信が来ていたようで、「五日後に店で会いましょう」と書かれていた。

期限はとっくに過ぎていたが、採用が厳しいわけではないことがわかり、僕は慌てて電話をかけて事情を話した。

「あなたのことは採用するって決めていたから、いつからでも来てもらっていいですよ。いつがいい？」と人事担当者。

あっけなく採用が決まった瞬間だ。

僕は、いよいよリマへと向かう。

カニェテにある「エル・ピロート」で五ヵ月間、ペルーの郷土料理にしっかりと触れた僕は、満《まん》を持して「アストリッド・イ・ガストン」を目指した。二〇一四年一月のことだった。

「エル・ブジ」出身シェフが仕切る調理場

「アストリッド・イ・ガストン」初日は、珍しく調理場に、ガストンが顔を出した。

普段彼は調理場にいないのだが、グループ全体で初の日本人研修生ということもあって、わざわざ僕に会いに来てくれたらしい。

自己紹介をして、手を握る。人懐っこい笑顔は、これまで何度となく見てきた写真のままだった。

「東京ってどんな街なの？」と興味津々だったガストン。そのうち支店をオープンする日が来るかもしれない。

当時、調理場のトップは、ペルー人

リマの中心にある「アストリッド・イ・ガストン」の外観。

として初めて「エル・ブジ」で働いた経験をもつディエゴ。「アストリッド・イ・ガストン」が「南米のベストレストラン50」で第一位を獲得したのは彼の手腕によるものだ。

ガストンは、彼に強い信頼を寄せ、食材の仕入れから、メニューの構成、スタッフの採用にいたるまで店にまつわる、ほぼすべての権限を委《ゆだ》ねていた。

二番手のエミリオはメキシコ人。彼は、スペインの「ムガリッツ」での修業経験がある。

そのふたりが調理場を引っ張っているから、出来上がってくる料理は当然「エル・ブジ」や「ムガリッツ」の流れを汲んだものになる。

正直なところ、両店のレシピにある食材をペルー産のものに変えただけ、と思えるものも少なくなかった。

序列がないラテン気質の調理場を初体験

僕が最初に配属されたのは、下処理部門だ。「エル・ブジ」式の手の込んだ料理は、プロセスの八割方を下処理が占める。単調だが、正確さとスピードを同時に求められる作業だ。

セクションシェフは、アレックス。みんなから「ゴルド（デブ）」と呼ばれる愛嬌《あいきよう》のある人で、ノリはまさにラテン系だ。

「みんな、ちゃんとやってるかい？」

「いえーい！」

と明るく盛り上げてくれる。

ヨーロッパの序列がはっきりとしている調理場では、シェフを愛称で呼ぶなんてあ

「アストリッド・イ・ガストン」の同期たちと。

りえないが、ここでは、わからないことがあると、アレックスの肩に手をかけて「ゴルド、これどうすればいいの?」と気さくに話しかける。

調理場の冷蔵庫には、僕たち下処理部門用に、いつも冷たい飲み物が用意されていた。みんな疲れると冷蔵庫の扉を開いて、頭だけ突っ込んで、キンキンに冷えた飲み物をゴクゴクと飲む。

氷ひとつもらえないピリピリとした「エル・ブジ」の調理場とは大きく異なる、気さくな雰囲気で、初日に仲間たちから案内されてそれを飲んだとき、一気に緊張が解けた。

唯一、異なる雰囲気を醸し出していたのは、「エル・ブジ」出身のディエゴだ。彼は常にカリカリしていて、彼の周囲だけは、流れる空気が違っていた。

有名店の落とし穴に気付く

残念に思ったのは、料理の完成度がそれほど高くないことだ。

「エル・ブジ」式だから、一つのコースで皿数が二十〜三十くらいになり、かなりの作業量になるが、どう見ても上手く回っているとは言えなかった。

「エル・ブジ」のような寸分の隙もない作業工程と、レベルの高いスタッフに支えられた調理場ではなかったのだ。

だから揚げ物がパリッとしていなかったり、サクッと軽い歯ざわりのはずのメレンゲが、湿気を含んでいたということになってしまう。疑問に感じつつも、一研修生の僕ができることは何もなかった。

陽気な職場ではあったが、休日出勤も時間外労働も当たり前で、僕はだいたいいつも朝八時に調理場に入って、出るのが深夜の十二時くらい。

スタッフが労働基準局に駆け込み、実際にガストンが訴えられたりもしたが、状況がすぐに改善されることはなかった。

もうひとつ、僕の心を重くしたのが食材の廃棄率の問題だ。

前にも書いたが、「エル・ブジ」風の料理は、廃棄率が高い。レストランとして営業する以上、ある程度は仕方がないが、捨てられていく膨大な量の食材を見ているとやるせなくなる。何かが間違っているのではないかという問いが頭をもたげるのだ。

そんな日々を、明るい気持ちにしてくれたのは、ペルー各地から調理場に届く食材たちだった。ヤシの新芽チョンタ、アマゾンの高級魚ピラルク、アマゾン産の小さな唐辛子……。

僕は、新しい食材を見ると、それが育った風土に想いを馳《は》せる。どんな土地で、どんな気候のもとで育ったのか。地元の人たちは、それをどうやって料理するのか。しかし、同僚のペルー人たちに質問してもまともな答えはほとんど返ってこない。彼らもよく知らないのだ。この食材についてもっと知りたい。そんな想いは日増しに強くなっていった。

名店での修業は三ヵ月で終了

結局、ガストンの店にいたのは、わずか三ヵ月ほどだった。

僕は研修生だから無給だったが、ひと月を過ぎた頃に、従業員としての契約を持ちかけられたこともあった。「給料を払うから一年契約にしないか」というわけだ。

「アストリッド・イ・ガストン」の旧店があった高級エリア、ミラフローレスのビーチ。

しかし僕は、調理場の状態にもレストランで出す料理にも違和感をもっていた。契約といっても大した給料がもらえるわけではないのに、一年間も縛られてしまうのは、どうなのか。

僕が入って一ヵ月半ほどした頃に、店は移転を決めた。

決定したのはガストンだ。

この頃、お客さんたちの満足度も下がっていたし、スタッフの士気も落ちていた。

シェフも変わるとのことだったから、新店の様子次第では、契約してもいいと思っていたが、期待していたほどの変化はなく、新店がオープンして一ヵ月半ほどで、僕は「アストリッド・イ・ガストン」での研修を終えた。

憧れていたガストンの店での経験は、必ずしも僕の期待に沿うものではなかった。しかしこれは、ガストン個人に問題があったわけではない。たまたま僕が接したこの期間に、この店が上手くいっていなかったというだけのことだろう。同じ時期、ガストンが経営する他の店の調理場ではスタッフたちがイキイキと働いていたのを僕はよく知っているし、最近は、新店も順調だと聞く。

グループの運営には、企業経営やマーケティングなど多くのプロが参画している。もはや彼自身が「ブランド」だから、発言や服装なども、スタッフたちがプロデュースしているのかもしれない。

それでもガストン・アクリオの動向からは目が離せない。僕にとってはいまも尊敬する料理人の一人だ。

「ペルー料理の母」の店に興味を抱く

さて、次はどうするか。このままペルーを離れるわけにはいかないだろう。まだこの国で学ぶべきことがあるはずだ。

そんな想いから、僕が次に門を叩いたのは、リマの「エル・リンコン・ケ・ノ・コ

書店に並ぶテレーザの本。

友人家族のおかげでエレナ（前列左）と初対面。

ノセス[注3]」というレストランだった。あるとき、評判を聞いて食べに行ったら、とても美味しかったのだ。派手さはないが、しみじみと美味しい、誠実に料理を作り続けてきた人の料理だった。

「エル・リンコン」は、テレーザ・イスケルダという黒人女性が四十年くらい前に始めた店で、テレーザは、すでに亡くなっていたが、かつてはガストンに料理を教えたこともあるという「ペルー料理の母」的存在として知られる。

先に修業した「エル・ピロート」がドライブインからスタートしたことは書いたが、テレーザは、ドライブインを始める資金すらなく、家の前にテーブルを置いて自分で作ったお菓子を販売することから始まったという。それが屋台になり、店に発展した。

彼女が作るのは、アフリカにルーツをもつ黒人系のペルー料理だ。

いまは娘のエレナがあとを継いでいる。ラードを使ってカリッと揚げた豚肉、牛乳とバニラで炊いた米料理、豆の煮込みなど、どれも素朴で美味しい。

しかし、ペルーのレストランでは、いきなり東洋人の僕が「料理を教えてください」と言ってもすんなりとはいかない。

イタリアやスペインでは、研修生というシステムが定着しているが、ペルーではそもそも社会全体に仕事が少なく、ペルー人同士でそれを取り合っているような状況で、外国人を働かせることにも慎重にならざるをえない。

僕のことをきちんと理解してもらうにはどうすればいいのか。

そう考えていたとき、僕の友人のお母さんが、エレナと親友であることが判明した。

友人を通じて「僕がディナーを作りますから食べに来ませんか」とお誘いしたところ、快くやってきて料理も楽しんでくれた。それでようやくパイプが繋がり、働き始めることができた。

この店では、毎週水曜日にペルーの伝統料理をビュッフェスタイルで提供してい

▶「エル・リンコン」のアヒ・デ・ガジーナ。

◀同店の毎週水曜日のビュッフェ。

た。

「アヒ・デ・ガジーナ」という老鶏《ろうけい》を使ったシチュー、仔羊《こひつじ》の煮込み、ナマズのセビーチェ、**キャッサバ**[注4]を使った料理など三十種類もの料理が並ぶ。どれも地元の人たちの暮らしのなかで愛されてきた料理で、僕も楽しみにしていた。

鴨や鶏を焼くのは薪窯《まきがま》で、パリパリに焼けた皮と、ほのかな燻製《くんせい》香はこの窯ならでは。使う薪によって香りも違うから、ペルーのレストランのなかには、どの薪を使うかにこだわる店もある。

ペルー国内の旅で知った食の豊かさ

ペルー料理は、七つの文化の影響を受けている。先住民たちの文化、最初に移民としてやってきたスペイン人の文化、そしてアフリカ、イタリア、フランス、中国、日本。

国土は、海に沿って南北に長く、雄大なアマゾンとアンデス山脈を擁する。だから食材が豊富で、各地でいろいろな料理と出会える。

ペルー滞在中もヨーロッパ時代同様に国内をよく旅した。カニェテの近くにあるチンチャという町の料理には、黒人たちの文化が色濃く反映されている。いまでも僕がよく作る豚バラ肉を使った「チチャロンサンド」は、この町が発祥だ。

ペルー北部に位置するチクラヨの料理も印象に残った。ペルーで四番目の規模の都市で、近郊には、古代遺跡も多く見つかっている。

ペルーを旅していると、この国はまだまだ可能性があると感じる。

長距離バスに揺られていたとき、何もない砂漠のような土地に、時折、小さな旗が立っているのを見かけた。

これは、「ここに住んでいます」という印。ペルーでは、まだ所有者のない土地がたくさんある。そこにある一定の年数を住み続ければ、その人の土地になることが法律で定められているのだ。

自分の土地になる、といっても電気も水道も通っていない。それでも住もうとする彼らの開拓者精神は、じつにたくましい。

「エル・リンコン」、そして次にリマで北部の料理を出す店にも入り、料理修業については、かなり満足していた。

ミラノで出店を計画⁉

さて、次はどうする？　海外生活もそろそろ潮時だろうか。

僕は、妻に相談した。彼女が提案したのは、もう少し海外生活を続けることだった。

「このまま日本に帰ってきても面白くないでしょう。海外で店をやることを視野に入れてもいいんじゃない？」と言うのだ。

結婚以来、妻と一緒に暮らしたのは、〝プラダを着た悪魔〟ことミラノマダムに仕えていた時期だけ。それでも「早く帰ってきてほしい」とは言わず、僕の仕事について、冷静な意見を述べてくれるのはありがたい。

日本に帰るものと思っていた僕は、海外出店の可能性を考えてみることにした。候補地は、ミラノだ。翌二〇一五年に万博（ミラノ国際博覧会）[注5]を控え、景気が上向いていたし、観光客も増えることが見込まれる。毎年イタリアの料理学会が開催される地でもあるし、何より僕に土地勘がある。マダムのところで働いていた頃、お世話になったマヌとご主人のヒロシさんがいるのも心強い。

ミラノでやるとしたら、料理はどうするか。

最初は、伝統的なイタリア料理を出したいと考えた。しかし外国人の僕が作る伝統的なイタリア料理が、ミラネーゼたちの間で評判を得るには、それなりの時間を要するだろう。じっくり商売を育てるには、かなりの資金力が必要になってくる。

現地の弁護士や会計士にも相談した。商売としての安定性を求めるなら、原価が抑えられる「粉もの」だと言う。僕がやるとしたら、ピッツァだ。イタリアのヴェネト州にある「サポーレ」で働いていたときから、僕は何度となくレナートに「一緒に店をやろう」と誘われていた。

じつはペルー滞在中にも僕はミラノを訪れている。レナートから「料理学会があるから来てくれないか」と連絡があり、航空券を手配してもらったのだ。そのときにも一緒に店をやる話が出ていたが、ここにきて、俄然《がぜん》真実味を帯びてきた。

前にも書いた通り、彼の作るピッツァは、彼にしか作れない独特のものだ。

対して、ミラネーゼが普段食べているのは、ミラノ風の薄いピッツァ。この街にレナートのピッツァをもってくれば、かなり注目を集めるのではないか。

僕がやるのだから、ただ彼のピッツァを模倣するのではなく、以前、作っていた蒸すピッツァや茹でるピッツァのように、料理として完成度の高いものを出せば、さらに盛り上がりそうだ。

そんな計画を胸に秘め、僕はリマからミラノへと向かった。

まずは物件探しだ。ヴェネト州にある、レナートの店で若手を指導し、「いい物件が出た」と聞くとミラノに足を運ぶ生活が始まった。

海外で店をもつことの難しさに直面

しかし、僕が希望する席数四十くらいの物件は、なかなか見つからない。多いのは、百席を超すような大型物件だが、日本円にして最低でも三、四千万、高いものだと一億円もする。

そんな物件を借金して手に入れたところで、僕はいったいピッツァを何枚焼けば返せるのか。想像しただけで気が遠くなる。

賃貸物件もあったが、家賃が五十万円以上するところが多い。安いと思って喜ぶと、店の売り上げから十五パーセントを徴収するという。

法律の制約が多い従業員の雇用も悩ましいし、税金も驚くほど高い。

懸念事項は他にもあった。

マフィアの存在だ。

ミラノには「バックにマフィアがついている」と噂されている店も多い。いいと思った物件についてイタリア人の友人に意見を求めたところ、「近くにナポリのマフィアがついているピッツァ屋があるから、テツの店が繁盛したらきっと店ごと爆破されるよ」と忠告されたこともあった。

ちなみに、元上司の〝プラダを着た悪魔〟には、相談しなかった。

僕が働いていた頃から、ストイックに糖質制限を課していたマダムに「ピッツァ屋を始めたい」と相談しても、いい答えが返ってくるはずがない。

最終的には、十数軒くらいの物件を見ただろうか。どんな物件であれ、日本とは比べようもないくらいの初期投資がかかることは明白だった。

料理人にも旬がある。

いま、ミラノで店をもっても、投資を回収するのに十年はかかる。これからの十年、毎日せっせとピッツァを焼き続ける生活でいいのか。

ピッツァの店を計画したのは、そこにビジネスチャンスを感じたからだ。

しかし、僕は「ピッツァ職人」として生きていく気はない。最終的には料理人として、日本で店を持ちたい。それならいま自分が取り組むべきことは何か。

結論は、ミラノからの撤退だ。いつか縁があれば、また出店を考えることもあるかもしれない。だけど、いまは難しい。

いよいよ日本へ帰る。僕の海外生活は、すでに十年以上にわたっていた。

やり残したことはないだろうか。

そう考えたとき、思い浮かんだのが、アマゾンだ。ペルーにいたときから、ずっといつか行きたいと考えていた。

実現するとしたら、いまだ。

注1　パリで創立された百二十年以上の歴史を持つ料理と菓子の専門学校。一流講師陣によるていねいな指導で知られ、卒業生は世界で活躍している。

注2　ブドウ果汁を使ったペルーの蒸留酒。これをベースに柑橘類《かんきつるい》と泡立てた卵白を使ったカクテル「ピスコサワー」はペルーのレストランのテーブルに欠かせない存在。

注3　一九七八年にリマでレストランをスタート。女主人のテレーザ・イスケルダの作る料理は、たちまち評判に。政府の重要な外交シーンで料理を振る舞ったこともあり、テレーザは、ペルー政府から勲章を授与された。現在は、娘のエレナが店を継いでいる。

注4　いもの一種で、細長い形をしている。デザートに使うタピオカやブラジルで人気のモチモチとしたパン「ポン・デ・ケージョ」の原料。ナマのキャッサバには有毒なシアン化合物が含まれていることから、日本では、ナマの状態での輸入を禁じている。

注5　二〇一五年五月一日から十月三十一日まで、イタリアのミラノで開催された大規模な国際博覧会で、テーマは「地球に食料を、生命にエネルギーを」。開催期間中は予想を上回る二千二百二十万人が来場した。会場の日本館は大人気で、「クール・ジャパン」発信に貢献。

recipe

老鶏（アヒ・デ・ガジーナ）と唐辛子のペルー風シチュー

材料

老鶏、香味野菜、ラード、にんにく、赤たまねぎ、乾燥唐辛子（アヒ・ミラソル）、牛乳、生クリーム、食パン、塩、こしょう、水

作り方

1. 乾燥唐辛子を水でふやかしミキサーにかけ、唐辛子ペーストを作る。
2. 老鶏1羽をさばき、水にムネ肉以外の部位と香味野菜を加えて出汁をとる。
3. 出汁でムネ肉を茹でる。
4. 鍋にラードを入れ、みじん切りにしたにんにくを加えて香りが出るまで炒める。
5. さらにみじん切りにした赤たまねぎを加えて柔らかくなるまで炒め、1の唐辛子ペーストを加え、香りが出るまで炒める。
6. 5に出汁と牛乳、生クリーム、ほぐしたムネ肉と牛乳に浸して柔らかくした食パンを加えてよく煮込み、最後に、塩、こしょうで味をととのえる。

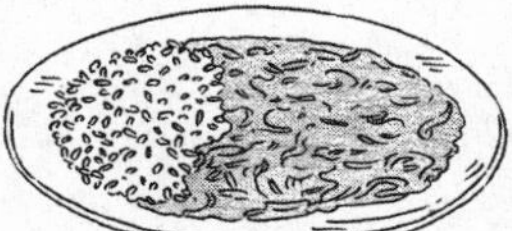

第8章

アマゾンで
スパルタホームステイ

僕は、ペルー人でもなかなか行くことのないアマゾンへ、たったひとりで旅立った。

ペルーの国土の六割を占めるとはいえ、多くのペルー人にとってアマゾンは、とても遠い存在だ。リマで何人かの友人に「アマゾンに行く」と話したが、軽く流されてしまう。

リマで暮らす人たちにとってアマゾンは、アンデス山脈を越えたはるかかなたにある別世界なのだ。

僕はひとまずイキトスを目指した。ガイドブックによれば、「アマゾンの玄関口」となっている。きっと僕のような旅行者もたくさんいるだろう。そこでまた次のことを考えればいい。

川に囲まれた町イキトスは、陸路から入ることができない。選択肢は船か飛行機だが、僕はリマから飛行機で向かうことにした。

空港に降り立った瞬間、これまで体験したことのない熱気が体を包む。サウナに入ったような迫力のある暑さだ。それとは対照的に、空港はどこかの農作業所のようにのどかだ。

平屋建ての小屋で係員は暇を持て余し、スーツケースが無造作に並んでいる。セキュリティに厳しい都市の空港とは、まるで違う雰囲気だ。

市街への交通は、ペルーでおなじみのモトタクシー。バイクが荷台を引っ張っているような簡素な造りの乗り物に揺られて、町の中心にたどり着く。

イキトスの町は混沌《こんとん》としていた。

この世のすべてが揃う市場

僕が真っ先に訪れたのは、ベレン・アルタ地区にある市場だ。治安が悪いスラム街にあり、旅行者はなるべく近寄らない方がいいと聞くが、「この世のすべてが揃う」と評判のアマゾン最大の市場を素通りできるはずがない。

僕は旅先でよく市場に足を運ぶ。世界には、僕がまだ知らない食材がたくさんあるのだ。それを見つけるたびに、栽培方法や調理法に興味がわく。売り手に尋ねると、誰もが喜んで答えてくれるのがうれしい。

市場にものを売りにやってくるのは、アマゾン奥地の住民たちだ。アマゾン川の上流からも下流からも、舟に食材を載せてどんどんやってくる。

イキトスのベレン・アルタ地区。

数キロメートルにわたって続く屋台では、かつて「アストリッド・イ・ガストン」の調理場で見たピラルクやナマズ、ピラニアが売られていた。

バナナロードと呼ばれる一角には、一メートルほどの茎にたわわになったバナナがずらりと並んでいる。

ゾウムシの幼虫スリもここで初めて見た。

おばさんがバケツいっぱいに入ったスリを売っていたのだ。茶色い殻をかぶった幼虫たちは、バケツのなかでうごめいている。

その脇では、それを串刺しにして焼いているおばさんもいた。

子どもたちは、それを生きたまま素手で摑み美味しそうに食べている。話には聞いていたけれど、聞くと見るでは大違い。さすがの僕もギョッとした。だけど、アマゾンに住む人たちにとってはおなじみの食材のようだ。

もちろん料理もある。バナナの葉っぱで包んで炭火焼きにしたナマズ、バナナを叩いて作ったソーセージ、子豚のような**カピバラ**[注1]の肉を加工したハム。

どれもじつに美味しそうだ。

ここでは、子どもも大人も老人もイキイキと働いている。

なかでも子どもたちは、じつにたくましく商売をする。呼び込みもするし、お金の計算だってお手のもの。自分たちの生活に直結しているのだろう。その姿に、痛々しさは微塵もない。

生きたまま売られて行く動物たちを「かわいそう」と感じる人もいるかもしれない。だけど、スーパーで売られている肉だって元は生きていた動物たちのものだ。自分たちの手で殺《あや》めた動物の肉を、まだ温かいうちに料理していると、むしろ命をいただいていることに感謝の念が湧く。

皮も内臓もすべて生活の糧とする暮らしが残酷だとは思えない。

どこの市場も朝がもっとも活気がある。ここも例外ではない。小さな唐辛子もココナッツももっともたくさん揃うのは朝だ。

しかもここは、〝夜の顔〟も持つ。

▲市場の中にある〝バナナロード〟。

▶アルマジロも
売られている。

▼ソーセージの屋台。

法律で禁止されているサルやアルマジロ、オオサンショウウオなどが売買されるのは、警察の見回りのない夜なのだ。アルマジロは、甲羅を下にして燻製にするように火を入れるとすごく美味しいらしい。サルのスープが好物だとうれしそうに話す人もいた。

僕は、再び夜に足を運ぶことを心に決めて市場を出た。

アマゾン奥地への旅の手配はまだできていない。

真の現地体験ができるアマゾンツアーは取り扱いなし

僕は見知らぬところへ行くときも、事前に詳しく調べたりはしない。現地でしかわからないことがたくさんあるからだ。

このときも、手配してあったのは、リマからイキトスの航空券だけ。到着した当日の宿すら決まっていなかった。

町には旅行会社がいくつかあった。どこも目玉商品は、アマゾンツアー。

これなら何とかなりそうだと思ったが、現実は甘くない。

彼らが取り扱っているのは、ホテル形式のロッジに宿泊し、ガイドに付き添われてカヌーで川下りをしたり、果樹園を散歩したりするツアーで、僕のやりたいものとはまったく違う。

「アヤワスカ」という幻覚作用のある薬草を使う、トリップ体験を目的としたツアーも密《ひそ》かに人気だ。ペルーで「アヤワスカ」は違法ではないが、トラブルも多く、オーバードースの状態になって命を落とす旅行者も少なくない。

僕の希望は、アマゾン住民と日常をともにすることだ。いま、人気のＡｉｒｂｎｂ《エアビーアンドビー》[注2]みたいに、現地の人たちの家に泊まり、現地の暮らしを体験したい。狩りや釣りに行き、彼らと一緒に料理がしたい。

ところが僕は、訪れたすべての旅行会社で門前払いをくらった。詳しく説明しようとしても話を聞いてもらえないのだ。面倒で金にならない客なのだろう。

途方に暮れ、今夜のホテルだけでも確保しようと歩いていると、知らないうちに裏通りに入っていた。

旅行会社の看板が目につきオフィスをのぞくと、男が一人で暇そうにしている。さっきまでの旅行会社とはずいぶんと様子が違う。お世辞にも儲かっているとは言えない雰囲気だ。世間話でもするつもりで店に入り、アマゾンツアーのことを聞いてみた。

「僕は、現地の人の家に泊まりたいんです」と話すと、男は「できるよ」と即答した。

狩りや釣りのこと、料理のことも話したら、「任せとけ」と胸を張る。ツアー代金は往復の交通費と食費、宿泊費すべて込みで二百ドル。これが高いのか安いのか判断できない。

本当に実現するのだろうか。

海外にいると、必要な情報が得られないまま決断を迫られることがままある。そういうときは一か八かの賭けに出るしかない。失敗しても自己責任。サイコロは振ってみないとわからない。

ペルーでは、すべてにおいて前例がなかった。経験者の話を聞くことができないし、『地球の歩き方』にも載っていないようなことばかり。

逆に言えば、僕が前例になれる。そんな開拓者精神のようなものが僕のなかに根付いていた。

一瞬、不安がよぎったが、僕はこの男を信用することに決めた。

「今晩泊まる場所は？」

「まだ決まっていません」

「それなら任せて」と彼が案内してくれたのは、オフィスの二階。物置のようなところにベッドを置いただけの部屋だった。だけど十分だ。

寝場所を確保できた僕は、夜の市場へと向かった。

電気が通っていないから、辺りは真っ暗で何も見えない。闇のなかで物音がする。誰かが料理を食べているようだ。誰がどんな料理を作るんだろう。まさに深夜営業のレストランだ。

片隅に光る二つの眼《め》はサル。これから売られて行くのか、それとも料理されるのか。

どこかで何者かがひそひそと話をしている。怪しげなものの売買も行われているのかもしれない。朝の市場の前向きな活力とは違う底知れない活力がここにはある。

ひとしきり歩きまわってから、僕はそっと市場をあとにした。

アマゾン川を舟で北上！「僕はどこへ向かっているの？」

翌朝、僕は旅行会社の男とともに舟に乗り、アマゾン川の北上を開始した。

三時間ほどした頃だろうか。

舟を降りて、川岸の村に立ち寄った。釣り糸と釣り針を買いたいと言っていたのを覚えていてくれたのだ。

市場でそれらを購入したところで、裸足《はだし》のおじさんがぬっと現れた。誰だろう？

中央が、歯抜けのおじさんの舟。

と思っていると、「じゃあな！」と旅行会社の男はとっとと帰ってしまった。

あっけにとられている僕に、ニッと笑いかけたおじさんは前歯が四本くらい欠けている。話をしようにも「フガフガ」言っているようにしか聞こえない。

いったい僕はどうなるんだろう。川には、オンボロの舟が浮かんでいた。さっきまではモーター付きの舟だったが、一ランクも二ランクも落ちた感じは否めない。

せっせと漕《こ》いでいると、足元にどんどん水が溜《た》まってくる。ヤバい！　このままでは沈んでしまう。僕は、せっせと水をかき出した。

「あとどれくらいで着きますか？」

「どこへ向かっているのですか？」

何を聞いても、彼はニッと笑ってフガフガ言うだけ。

僕はどこかに売り飛ばされるのではないか。そんな不安が押し寄せてくる。一時間、二時間、三時間。舟は静かに川を上る。だんだんお腹も空いてきた。

そう伝えると、おじさんは網を張って魚を捕まえている子どもたちの方に舟を寄せて、魚を購入して僕にくれた。だけど調理道具もないのにどうやって食べろと？

ついにアマゾン住民の家に到着！

そうこうするうちにようやく集落らしきところが見えてきた。そのまま一軒の小屋へと向かう。なかから出てきた女性に僕を託すと、おじさんはとっとと去っていった。

魚を手に途方にくれる僕。いきなり現れた東洋人の男を不審げに見つめる女性。

彼女は、ラウル家の奥さんで、夫と十三人の子どもたちとこの地で暮らしている。

僕は自己紹介をした後「電話で何か聞いていませんか？」と尋ねた。

彼女は、ちらっと電話の方を見て首を振る。

視線の先には、神棚のようなものがあり、旧式の携帯電話が鎮座していた。周囲に

ラウル一家の子どもたちが住む小屋。

は何本もの釘《くぎ》が打ち付けられ、針金がものものしく張り巡らされている。聞けば、電波が入るのは一日一回あるかないか。釘と針金は、貴重な電波を入りやすくするための工夫だ。

すべてを悟った僕は、あらためて説明した。

アマゾンに興味があってやってきたこと。数日間、ここに置いて欲しいこと。釣りや狩り、料理などを一緒にしたいこと。

奥さんは、なんとか理解してくれたようだった。

だけど、僕が支払った二百ドルは、どこへ消えたんだろう？

僕が最初に入った小屋は台所だったが、雨季だからか床はほとんど水没している。天井から吊《つ》るされたハンモックは、何かの弾みでクルッとひっくり返ったら水にドボンだろう（後日、本当にそうなった）。

奥さんは、ペットボトルを僕に差し出した。

飲み物のようだが、よく見るとなかには、ウーパールーパーみたいなものが浮いている。「健康にいい」らしいのだが、僕はまだ、それを飲む勇気が出ない。

こんなとき、どうすればいいのか、ググることもできないし、ググったところで答えは見つからないだろう。

「喉が渇いていないんです」と断ったら、次は自家製のフルーツドリンクを勧められた。

大きな容器には、黒いものがうごめいている。アリだ！　彼らはせっせと容器を登り、ドリンクのなかに入って、泳いで、縁から出て行く。長い行列は途切れることがない。

しかし奥さんはそんなことお構いなしにコップにジャバジャバ注いでアリごと飲む。子どもたちも同様だ。

覚悟を決めた僕は、アリ入りフルーツドリンクを一気に飲み干した！

味なんて感じている余裕がない。だけどこうして、決断することに少しずつ慣れていく。

夜はペットのナマケモノと添い寝

ここには小さな小屋が三棟あって、それぞれが細い木の板の通路で繋がっている。子どもたちは、細い木の板の上を器用にトットットッと走るが、バランスを崩せばこれまた水にドボンだ。

台所のほかの、一つは子どもたちの寝室兼野菜置き場。ここはさすがに床が高く、水没は免れていた。

天井には洗濯物が干してあるが、この湿気ではほとんど乾かないだろう。そもそも干し方もかなり適当で、日本人のように一枚一枚をていねいに広げて並べたりはしていない。

もう一つの小屋では、旦那さんがウンウン唸っていた。彼は僕が来る何日か前、毒ヘビに嚙まれたらしく腕が腫れ上がっていた。毒ヘビも出るのか。恐怖に襲われそうになったが、深刻そうではない。静かに回復を待つしかないことを彼らは知っているようだった。

ナマケモノを抱いた女の子。

夜は、子どもたちやペットのナマケモノと一緒に雑魚寝《ざこね》した。

このときも一瞬、不安がよぎった。このナマケモノは、病原菌をもったりしていないだろうか。だけどもうこの頃には、覚悟ができていた。なるようにしかならない。子どもは万国共通で寝相がスゴい。寝ていると何者かがどんどん侵略してくる。僕の横にいるのは、子どもなのか、ナマケモノなのか。ぶつかってくるのは足なのか頭なのか……。

収獲した食材を使うシンプルな料理

僕は、毎日奥さんとともに台所に立った。初日は僕が持っていった魚をコリアンダーとたまねぎ、唐辛子とともに軽く煮た、潮煮《うしおに》のような料理を作った。

この家で使う食材は、限られている。魚とバナナ、キャッサバ、鶏の卵、たまに肉、そして炊きたてではないご飯。変化はあまりない。バナナは揚げ焼きにする他、すりおろしてスープにとろみをつけるのに使う。

アマゾンは食材の宝庫ではあるが、毎日もぎたてのフルーツが食べられるわけではない。フルーツの樹が近くにあるとは限らないのだ。市場が近くにあるわけではないし、冷蔵庫がないから食品を保存することもできない。必然的に、毎日の食卓はかなり質素だった。

食事のマナーにも戸惑った。もちろんナイフとフォークを使っててていねいに食べると思っていたわけではない。だけど、家族が魚を鷲づかみにしてバクバク食べていると、なんとも落ちつかない。食卓の上では、ハエがブンブン飛んでいる。あっけにとられていると、不意に目を上げて「ん？　食べないの？」と言われ、ハッと我に返り、僕も手づかみで魚を食べた。

だけど、ここでの暮らしを単純に豊かさという尺度で語ることはできない。暮らしが生きることそのものだからだ。

伝統的な口嚙み酒の「マサト」も初めて体験した。「ユカ」という山芋を女性が嚙み砕《くだ》いて発酵させた酒で、唾液中のアミラーゼによって発酵が進む。

さすがにギョッとしたけれど、「飲まない」という選択肢は存在しない。美味しい、美味しくないという尺度もここではあまり意味がない。

喉の痛みに効くハチミツを探しにジャングルへ

僕が訪れたのは雨季だったから、何度となくスコールを体験した。雨と呼べるような生易しいものではなく、滝に打たれているかのような状態だ。

　東京のように建物が立ち並ぶ街なら雨宿りもたやすいが、アマゾンではそういうわけにはいかない。大きな葉っぱを傘がわりにしてスコールがやむのをおとなしく待つ。

アマゾンの支流を手漕ぎボートで進む。

　道はすべて水没しているから、出かけるのには舟を使う。僕が滞在したラウル家は、モーターのついた舟を持っていなかったから、ちょっと出かけるにもひと苦労だ。

　手漕ぎボートで遠出するときは三人一組が基本。流れの激しいところでは、誰か一人が怠けるとたちまち流されてしまう。細い木が茂ったところは、小枝をかき分けながら進む。

　目が慣れていない僕は何も見えないが、毒ヘビ、毒グモがうようよいるような場所もある。「気をつけろ」と言われても、気をつけ方もわからない。初日から僕はヘトヘトになった。

　しかもお腹の調子は最悪だった。ペルーで暮らし始めた当初もひどいものだったが、それを大きく上回る勢いで、何を食べても出てしまう。
　二日目には喉が痛み始めた。奥さんに伝えたら、「一緒にハチミツを探しに行きましょう」と言う。二人でジャングルに入って四十〜五十分ほど歩くとハチの巣が見つかった。

　僕たちが普段目にするのは、ハチの巣箱だ。あそこにはハチミツがたっぷりとある。ところがアマゾンにある天然のハチの巣には、それほどたまっていない。ハチは自分たちが必要な量がわかっているのだ。巣箱は、養蜂家《ようほうか》にとっては効率のいい仕組みだが、ハチにとっては過酷なブラック労働ではないのか。そう考えると、ハチミツの味も違ってくるような気がする。

　アマゾンの人たちは自分たちが必要な分だけ、ハチに分けてもらうという感覚でいるようだった。奥さんは巣にそっとナイフを入れて、溢れてくるハチミツと花粉をごく少量だけ採ると、木で蓋をして元通りにした。

　小屋にもどって花粉をひとなめしたら、毛穴がぐわっと開くような感覚に陥る。これを大量になめたらヤバいだろう。逆にハチミツは優しくスーッと体になじんでいく。しばらくすると喉の痛みは消えていた。

四日間で捕獲できたのはカメ一匹

僕を狩りに連れていってくれたのは、ラウル家の親戚の男性だ。

彼は、現代文明と距離を置く孤立部族[注3]の出身だが、中学に上がるくらいの年齢のとき、おばあさんから「ここにいても稼げるようにならない。出た方がいい」と言われ、イキトスの学校に通ったそうだ。だから読み書きができる。

奥さんと子どもはイキトスで暮らしているが、彼は、アマゾンが好きで戻ったと言う。「家族や友達に会えないし、テレビもないのに？」と聞くと「ここには、なんでもあるじゃないか」と誇らしげだ。

夜、僕は彼と二人で舟に乗って狩りに出た。彼の手には、ナタと、先端が二股に分かれている長い棒。これは毒ヘビに狙われたときにそれを捕らえるためのものだと言う。ジャングルでは、虫や獣の鳴き声が静かなざわめきのように聞こえてくる。

彼はいろんな声音を使って動物たちの鳴き真似をする。それによって動物をおびき寄せたり、威嚇したりするのだ。動体視力が抜群で身のこなしも俊敏だ。

しかし、四日間で捕獲できたのは、肉食ガメのマタマタ一匹のみ。マタマタは南米の川や沼に生息するカメの仲間だが、頭を甲羅にしまうことはできない変わり種で、

肉食ガメのマタマタは、絶品のスープになる。

濡《ぬ》れた枯れ葉がまとわりついた岩石のような見た目をしている。

このとき仕留めたのは、住民曰《いわ》く「五十年もの」のマタマタで、甲長が一メートル近くあった。

早速、解体してスープにする。

僕も分け前をいただく。スプーンで熱々を口に運ぶと、まずはその濃厚さに驚いた。スープというよりもとろりとしているからむしろ雑炊に近い。

だけどパンチがあるというよりは、しみじみと生命力を感じる美味しさだ。日本で食べたスッポンのスープに近いだろうか。肉は硬くてそれほど味はしないが、一杯食べるだけでかなり元気になれる。

このときはマタマタ一匹で、家族の二回分の食事になった。

僕が感じる「食の豊かさ」とは、こんなふうに自然の恵みと正面から向き合い、それを自分たちの血肉にしていくことの豊かさだ。

食べられる側と食べる側の命と命が向き合っている。

アマゾンの住人たちは、決して森や川を無闇に傷つけたりしない。

若木や大木を意味もなく倒したりはしないし、釣り上げた魚が自分の欲しい魚でなければ川に戻す。銃は使わず、素朴な道具で狩りをするから乱獲は不可能だ。おのずと自分たちが食べる分だけを捕獲することになる。

狩りに連れて行ってくれた男は、アマゾンの生態系を憂えていた。

森林伐採や動物たちの乱獲、水位の高さ。明らかに自分が子どもの頃とは様子が違うと言う。僕がアマゾンの環境問題に関心をもつようになったのは、彼との出会いが大きい。

僕は結局、ここに三泊した。二泊したところで「そろそろ帰りたい」と伝えたら、「携帯の電波が入ったら電話してみるね」と言われ一日ほど待たされた。スコール続きでなかなか電波が入らなかったのだ。

翌朝ほんの一瞬、電波が入ったときにすかさず電話をかけたが「日本人が帰りたいと言っている」と言った瞬間に電話は切れた。伝わったのか、伝わっていないのか不安なまま待っていると、夕方になってイキトスに出る乗り合い舟が来た。僕は村人たちとともに川を下った。

リハビリが必要なほど強烈なアマゾン体験

イキトスに戻ると、体がふわふわとして普通の感覚ではなかった。空気の密度がアマゾンとはまるで違う。ホテルでシャワーの栓をひねったとき、軽く感動する自分がいた。「ひねる」という行為が久しぶりだったのだ。アマゾンで着ていたシャツを洗濯したところ、たちまち水が土色に変わった。体験の強烈さをじわじわと感じる。

しかし地図を見ても、僕は自分がどこにいたかがわからない。あまりに日常とかけ離れていて、まるで夢のような体験だ。ラウル家の人たちと再び会うことも難しいだろう。

だけどこのアマゾン行きで、僕はアマゾンにますます強い興味を抱くようになった。ここには、僕が学べることがまだたくさんある。

イタリアでもスペインでも、僕は常に料理の原点に想いを馳せた。郷土の伝統料理が好きで風土や文化をより深く知りたいという気持ちがいつもあった。アマゾンでもそうだ。ひとくちにアマゾンといっても、ペルー領内のアマゾンだけでも日本の国土の二倍以上の広さをもつ。

この土地をもっとよく知りたい。
こうして僕のアマゾン通いが始まった。

注1 アマゾンの水辺に生息する、体長一・一〜一・三メートルくらいの、泳ぎや潜水が得意な動物。ぽっちゃりとした見た目は豚のようだが、じつはネズミの仲間。

注2 個人が所有する家を旅行者に貸し出すための仲介サービス。ホテルに宿泊するよりも地元に密着した過ごし方ができると評判。二〇〇八年創業。

注3 アマゾンで暮らす人たちの多くは、すでに現代文明の影響を受けているが、ごく少数ながら、現代文明との接触を避けている部族も存在している。ペルー南東部にある、マヌー国立公園付近で生活するマシコ・ピロ族が有名。

recipe

マタマタのスープ

材料

マタマタ、アマゾン川の水、塩、アマゾン産唐辛子、キャッサバ、アマゾン産コリアンダー

作り方

1. マタマタは、背甲側を地面に押し付け、仰向けの状態にして、ナイフで背・腹両面の甲羅を剝がす。
2. 鶏を解体するように、ムネやモモなど肉のあるところを順にバラして肉を削いでいく。
3. 前足と後ろ足は、茹でてから皮をはがす。
4. 肉と、臓器や卵、皮や爪も一緒に鍋に入れて水と塩を足し、唐辛子とともに数時間コトコト煮込む。
5. 途中でキャッサバをすりおろして加えとろみをつけ、こまめにかき混ぜ、最後にコリアンダーを加える。

第9章

カカオ村と運命の出会い

アマゾンでの強烈な体験を終え、十一年ぶりに日本に帰国した僕は、次にどんなことをしようかと、あれこれ考えをめぐらせた。料理で身を立てていく決意は固かったが、東京の「食」業界の現状を、自分なりに探ってみる必要があった。

このときの僕の行動については後述するけれど、その間にもアマゾンへの思いが消えることはなかったし、むしろ動けば動くほど、もう一度アマゾンに行くことが、僕のこれからを決めるにあたって不可欠なように感じられてきた。

そこで、帰国して半年が過ぎた二〇一五年の十二月、僕は再びペルーを目指した。

今回の訪問の目的はふたつ。ひとつは、ペルー北部の伝統料理を勉強すること。そのため、前半はチクラヨに滞在した。

イタリアでもそうだったが、僕は最新の調理技術を駆使した料理よりも、人の暮らしに根付いた伝統料理に興味がある。古来、自然と上手に付き合ってきた人類の知恵が詰まっているからだ。

もうひとつは、再びアマゾンを目指すこと。

自給自足を前提としたアマゾンでの暮らしは、僕たちが失ってしまった感覚を呼び戻してくれる。前回は何もわからないままアマゾンに入ったけれど、今回は、もっとしっかりと向き合いたかった。

アマゾンは、広大だ。自然も暮らしの営みも一律ではない。すべてを知ることはできないとしても、少しずつでもより広く深く学びたいと考えた僕は、川から入った前回と異なり、今回は山から入ることにした。

僕が密かに企《たくら》んでいるのは、アマゾンの食文化を勉強して料理本を作ること。そんな僕の夢を応援してくれたのが、リマ在住の料理人トシさんだった。本名は**小西紀郎《としろう》さん**[注1]といい、残念なことに二〇一六年に亡くなられた。四十年以上前、のちに「ノブ」を成功させる**松久信幸《のぶゆき》さん**[注2]から誘われて日本からペルーに渡った料理人だ。松久さんがペルーを去った後もリマで日本料理を作り続けた、ペルーでもっとも有名な日本人の一人で、僕も大いに刺激を受けた。このときも「面白そうだな！」と励ましてくれ、自分の進もうとしている道は、間違っていないと心を強く持てた。

このときのアマゾン行きでは、ペルー人のガイドを雇うことにした。五十年近くペルーで暮らす親族の知り合いに「誰かいないか」と尋ねたところ、タラポト在住のフアンという男を紹介してくれた。

タラポトは、チクラヨからアンデス山脈を越えて東に向かったところにある小さな町。海外からの観光客にはあまり知られていないが、ペルー人には「大自然を満喫で

▲お世話になったトシロウさんと。

▲〝ニッケイ料理〟で世界的にも有名な「Maido」のミツハルさん（左）からも多くのインスピレーションを受けた。

▲スリ　▼ママコ

チクラヨで。海辺に立てかけてあった
漁に使う手漕ぎボート。

きる場所」としてそれなりの知名度がある。

ゾウムシの幼虫「スリ」の味は？

僕は、フアンとともにタラポト経由でアマゾンへと入った。

彼にあらかじめ伝えてあったのは、ゾウムシの幼虫「スリ」と、女王アリの「ママコ」を見たいということ。

「スリ」は、イキトスの市場で初めて見て以来、ずっと気になっていた。いったいどんな場所に生息し、どうやって採集するのか。

まずは現地の案内人と一時間ほど歩いて奥地に入り、「スリ」探しだ。鶏の卵くら

ゾウムシの幼虫「スリ」などを探して奥地へ。ここでは木の皮を剝がし、必要な量だけのハチミツをいただいた。

いの大きさをした「スリ」は、甘い香りのするフルーツの木に住みついている。

案内人は、その木を見つけると、穴からていねいに「スリ」を掘り出し、口のなかを嚙み切られないよう、頭部を除いてから口に運ぶ。セミの幼虫のように茶色い殻をかぶった虫は、アマゾンで暮らす人たちの大切なタンパク源。市場では、生きたままバケツいっぱいに詰め込まれ売られている。

案内人からいきなり「ほら」と「スリ」を差し出された僕は、頭部を取り除き口に運んだ。殻は予想通りパリッとしている。なかはクリーミーで白子のよう。ほんのりとフルーツの香りがして、なかなかの味だ。

ところが、ファンは完全にビビっている。手を触れることすらできないのだ。ペルーの都市生活者は、きっと大なり小なりこんなものだろう。

女王アリ「ママコ」は、タラポトから二十キロほど北西に行ったところにあるラマスに生息するアリだ。そのまま生で食べてもいいし、水で煮出してスープにしてもいい。炒《いた》めたものを食べてみると、まるでエビのように風味が豊かだった。

最近は、世界の一流レストランのメニューにも昆虫が登場することがある。

しかし単に物珍しさから選ばれていることも多いように思う。もともとアリを食べる習慣がない地域のアリを無理やり捕まえて食卓に出しても、命を慈しむような感覚にはならないだろう。

僕は、アマゾンの食材を、もっと広く多くの人に知ってもらいたいと思っている。物珍しさを強調するのではなく、現地の人たちの暮らしのなかで、その食材をどんなふうに尊重し、役立てているかをしっかりと伝えたい。それはまさに、生物同士の真剣な命のやり取りだからだ。

〝カカオ村〟との運命の出会い

せっかく雇ったガイドのファンだが、残念ながらあまり役に立たない。

市場に行く日、彼は集合時間を朝八時に指定した。市場に行くと、すでに陽は昇り、めぼしいものがほとんどなかった。

一事が万事そんな調子で、質問してもまともな答えが返ってこない。むしろ僕の方が詳しいこともあるくらい。

これではガイドの意味がない。堪忍袋の緒が切れかかったとき、ファンが提案してきたのが、〝カカオ村〟だった。

そこではカカオの栽培をはじめ、村人ほぼ全員が、カカオに関わる仕事をしているという。ペルー人でも知らない人が多いが、カカオはフルーツだ。大きさはラグビーボールくらいで、ヤシと同様、木の幹になる。

ペルーは、カカオの原産国でありながら、カカオの取り扱いに慣れていないところがある。日本で見るような高級チョコレートなんて見たことがないし、カカオが食材として使われることもほとんどない。

コーヒーも同様で、日本で飲む方がはるかに美味しいし、バリスタという職業も最近ようやく認知され始めたところ。カカオもコーヒーも世界中で取り引きされているのに、お金も知恵も原産国を素通りしているような印象をもっていた。

僕はファンと一緒に車でカカオ村へと向かった。

そこは、本当に小さな村だった。通りの正面で僕たちを迎えてくれたのは、カカオ

クリスマスで賑やかなカカオ村。

カカオ村の聖人像。

を手にした聖人の像。

広場には、干したカカオが並んでいた。ひとつ味見させてもらうとすごく美味しい。品種は、**クリオロ種**[注3]だと聞いて納得だ。カカオのなかでも最高品種で、しかも希少価値が高い。

栽培だってとてもていねいだ。虫がつきやすいカカオの木を、こまめに世話しながら無農薬で育てている。

ところが、村はちっとも潤っていない。舗装されていない道路と簡素な家、電気は通っているが、Ｗｉ－Ｆｉは飛んでいない。

娯楽施設はなく、パソコンはカカオ工場に一台、広場にあるカフェのようなところに一台。それでも人々の表情が明るいのは、南米人の愛すべき気質のおかげだろう。

このときはちょうどクリスマスシーズンで、村ではクリスマスパーティーが開催された。

南半球にあるから、クリスマスは真夏。Tシャツ姿のサンタクロースが登場し、子どもたちは、楽しげに路上でサンバを踊っている。

僕は、子どもたちへのお土産に、日本からせんべいやラムネ、金平糖などの駄菓子を用意してあった。だけど子どもは百人以上いて、とても足りそうにない。

そこでダンス選手権を開催した。六人一組で音楽に合わせて踊ってもらうのだ。大人が「右手を上げて」「左手を上げて」「くるっと回って」と掛け声をかけ、子どもたちはキャーキャーと楽しそうに指示に従う。

審査員が六人のなかからチャンピオンを選んで、賞品としてお菓子をプレゼント。なかなか楽しい企画だった。

だけど、会場のテーブルの上にはビールがあるだけで、思いのほか質素だ。待っていても料理が出てくる気配はない。華やいだ気分は次第にしおれていく。

壇上では誰かが歌っているけれど、空腹の僕は、なんとなく物哀《ものがな》しさを感じてしまう。どんなにクリスマスを祝う気持ちがあっても、それを表現するためには、経済力が必要なのだ。

その後、工場長の自宅で、夕食をごちそうになった。

メニューは、「豚バラ肉のロースト」と「バナナの芯のセビーチェ」。ペルーでは、肉をコカ・コーラでマリネすることが多い。ローストするとほのかな甘みが残る。

バナナの木は、背の低いクリオロ種のカカオの木を日光から守るため、カカオ農園にたくさん植えられている。

滞在中、カカオ工場も見せてもらった。しかし工場とは名ばかり、日本の精米所くらいの規模で、雑談の際に出してくれたココアは、出し殻で淹《い》れたような薄いもの。工場は、フル稼働にはほど遠い状態だった。

工場で作っているチョコレートも味見したが、せっかくのクリオロ種のカカオが活かしきれていない。

唐辛子フレーバーのチョコ、乳脂肪分を足したトリュフ、ハート形のチョコ。「これ、日本で売れるかなあ？」と聞いてくる無邪気さに一瞬、戸惑う。

だって、売れるはずがない。チューインガムのようにいつまでも口のなかに残っているほどの口どけの悪いトリュフなのだ。他のものも形や厚さ、フレーバーの付け方がまったく洗練されていない。

だけど、すべて伝えるのはあまりに酷だろう。

「もう少し口どけがよくないと、日本人は買わないと思うよ」と返すと、彼らはしょんぼりしていた。

ほとんどの村民は、この村から出たことがない。世界の高級チョコレート市場なんて、はるか彼方《かなた》の世界。そこでどんなチョコが、どれほど高値で取り引きされているか、彼らには想像もつかない。

毎年パリで開催されているチョコレートの祭典「サロン・デュ・ショコラ」[注4]では、高額なチョコレートが飛ぶように売れる。

この村のカカオを使った商品も入賞したことがあるのだが、彼らは、その栄華から切り離されていた。

外からやってきた僕の目には、この村に明るい展望がないように映った。

若者たちは、ほとんど娯楽のないこの村で肉体労働に従事している。日本の若者たちのような多種多様な選択肢は存在しないし、将来の夢を熱く語ることもない。

僕は、村の長老や工場長と言葉を交わすうち、この村が抱える問題が、次第にはっきりとしてきた。長老は僕に向かってはっきりとこう言った。

「この村を頼む」

彼らも何かを変えていかなくてはならないと感じているようだ。

カカオの恵みを、市場を通じて村に還元するには、どうすればいいのか。フェアトレード[注5]の仕組みを作るにはどうすればいいのか。

僕は、料理人としてカカオという食材に可能性を感じていた。

カカオはチョコレートに加工しなくてはならないと多くの人は考えている。この村の住民たちも例外ではない。カカオをチョコレートにする過程で加えるのが、乳脂肪分だ。

それらを多く加えれば加えるほど、カカオの占める割合が低くなり、原価を抑えることができる。つまり加工業者が儲かる。しかし、カカオの原産地であるこの村に、その儲けが回ってくることはない。

そもそもチョコレートに加工する必要はあるのだろうか。まずは自分で使ってみようと考えた僕は、その場で二百キロ分のカカオの購入を決めた。

注１　一九五三年生まれ。一九七四年にペルーへ渡り、松久信幸（注２）とともにリマの「Ｍａｔｓｕｅｉ」で料理人として働く。松久氏がペルーを離れた後も店に残り後進を指導し、ペルー国内外で日本食文化の発信に貢献する。二〇〇八年南米大陸で初めて農林水産大臣賞を受賞。二〇一六年逝去。リマの「トシローズ・スシ・バー」は現在も営業を続ける。

注２　一九四九年生まれ。東京の寿司《すし》屋で修業後、二十四歳のときにペルーに渡り、日本食レストランを立ち上げる。その後、アルゼンチンを経て米国へ。一九八七年ビバリーヒルズに日本食レストラン「Ｍａｔｓｕｈｉｓａ」をオープン。一九九四年には俳優ロバート・デ・ニーロと「ＮＯＢＵ　Ｎｅｗ　Ｙｏｒｋ」をオープン。その後も世界に店舗を広げている。

注３　カカオは、赤道付近の高温多湿帯でのみ栽培可能なフルーツ。なかでもクリオロ種は、独特の香りを持つ品種で、フランスのショコラティエからも注目を集めている。高級チョコレートに使用されることが多い。

注４　パリで毎年十月に開催される大規模なチョコレートの祭典で、世界中から集まったパティシエ、ショコラティエたちが腕を競う。日本では、毎年「サロン・デュ・ショコラ日本」が開催され、人気を集めている。

注５　発展途上国の原料や製品を適正な価格で継続的に買い取ることにより、その国の生産者や労働者の生活改善を図る商取引。

recipe

バナナの芯のセビーチェ

材料

バナナの球根、赤たまねぎ、レモン汁、
アマゾン産唐辛子

作り方

1. バナナの球根をナイフで縦に割って芯の部分を取り出し、食べやすい大きさに刻む。
2. 赤たまねぎを適当な大きさに切る。
3. 刻んだバナナの芯を茹でる。
4. バナナの芯と赤たまねぎ、唐辛子をレモン汁であえる。

第10章

ガリンペイロと孤立部族の真実

アマゾンのカカオ村でクリスマスを過ごした僕は、二百キロ分のカカオとともに帰国した。**マヤ文明**[注1]では貨幣として利用され、**アステカ王国**[注2]では、年貢として納められていたカカオだが、その種に注目が集まるようになったのは、山火事がきっかけと言われている。

予期せずローストされた種から独特のいい香りがすることが発見されたのだ。ここからカカオは、フルーツとしてではなく、チョコレートの原料としての道を歩み始める。

チョコレートは、ローストしたカカオの種に油脂分やミルク、砂糖などを加えて完成する。美しい箱に詰められて販売されている一流ブランドのチョコは、驚くほど高価だが、それでも女性たちには大人気だ。

そんなチョコレート業界で最近注目されているのが、二〇〇〇年代後半にアメリカで生まれた「ビーン・トゥ・バー」だ。カカオを原産地から直接仕入れ、ローストして板チョコに加工し、販売。このプロセスをすべて自分たちでやる、小規模なチョコレート専門店で、ここ数年日本でもブレイク中だ。価格が高くても人気なのは、味だ

▲カカオ村の加工場で、
種を天日干しする作業中。

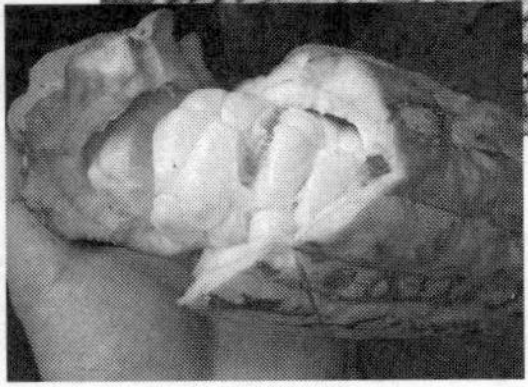

◀とれたてのカカオの果実は、
新鮮なフルーツそのもの。

けではなく素材そのものの価値を求める人たちが増えているからだろう。

僕は、こうしたチョコレートビジネスではなく、あくまでカカオをそのまま原料として扱うビジネスを展開したいと考えた。

これまでカカオの取引では、利益の大半を手に入れるのは加工者で、カカオの生産者の懐はなかなか潤わなかった。

カカオをカカオとしてビジネス展開し、生産者にしっかりと利益が回る仕組みを作ることは、究極のフェアトレードだろう。

仕入れるのは、いまやり取りをしているカカオ村のみにすれば、取引額もまとまり、より産地と深い繋がりができる。

チョコレートにしないことで、カカオ

の可能性は無限に広がっていく。種だけでなく果肉も料理に使えるし、皮は砂糖を加えて発酵させるとカカオビネガーになる。

僕がカカオ村から持ち帰ってきたのは、カカオの種を周囲の果肉ごと取り出して発酵させ、天日干しにして乾燥、ローストしたもの。

これをまずは、日本で活躍中の有名シェフたちに卸すことにした。

僕自身が、「この人」と思うシェフたちのもとに足を運び、カカオ村との出会いから、カカオの食材としての可能性、それを扱ったビジネスへの僕の考え方を伝えた。

時間はかかるかもしれないが、そうやって日本で少しずつカカオの輪を作っていこうと思っている。力のあるシェフたちがカカオを気に入り、自ら発信してくれるようになれば、カカオの輪はさらに広がっていくだろう。

金の違法採掘現場へ

僕がペルーを訪れるたびに感じるのは、環境破壊の深刻さだ。食材の宝庫であり、資源の宝庫である一方で、環境破壊はどんどん進んでいる。大規模な森林伐採や河川の汚染、心ない乱獲によって生態系は崩れる一方だ。

アマゾンの住民たちは、その日必要なものだけを取るエコな暮らしをしている。この地で一生を過ごす彼らの多くは、文明ともほとんど無縁だ。電話や冷蔵庫などの電化製品に触れることもなければ、車や飛行機に乗る機会もない。

毎日、同じことの繰り返しで、僕たちからすると刺激のない生活だが、彼らは自分たちの暮らしに疑問も戸惑いもない。それ以外の暮らしを知らないのだから当然だ。だからこそ、いつも心穏やかに暮らしている。そんな彼らの住み処《すみか》が文明によって汚されていくのは、なんとも皮肉な話だ。

アマゾンは資源や食材の宝庫であるがゆえ、それ目当てに外から人がどんどん入ってくる。

なかでも人気なのは、やはり金だ。

アマゾンの川の流域には、金の採掘場が点在している。金の精製には水銀を使うやり方が一般的で、使用した水銀をなんのためらいもなく川に流してしまう。当然、川は汚染され、金の採掘に関わっていない人たちも大きな健康被害を受けることになる。

ここ数年の間にアマゾンでは、何度か孤立部族のマシコ・ピロ族が山奥から下りてきて村を襲撃する事件が起きた。

そのため、土地を捨てて撤退を余儀なくされた村もあるようだ。水銀による健康被害や森林伐採など環境破壊が進み、部族が絶滅の危機にさらされていることへの抗議ではないかと言われている。

アマゾンと環境破壊は、もはや切り離せないテーマだ。

僕自身、自分の目で確かめてみたいと考えていたが、どこから手をつければいいのかと思いあぐねていた矢先に、金の違法採掘に取り組む村があることを耳にした。

いまもゴールドラッシュを夢見る人たち

アマゾンで金の採掘が始まったのは、一九七〇年代のことだ。

十九世紀にカリフォルニアで始まったゴールドラッシュが世界各地で起き、一攫千《いっかくせん》金《きん》を夢見る人(ガリンペイロ)たちが南米のアマゾンにも押し寄せた。

樹木を焼き払い、むき出しになった大地や河川から、浚渫《しゅんせつ》機と呼ばれる機械を使って土砂を吸い上げ、金を選別するやり方で、当初はそれなりの量の金が採掘できたようだ。

カリフォルニアでは廃れた金の採掘だが、アマゾンでは現在も続いている。

当時のような採掘量は望むべくもないが、それでも夢を捨てきれない人たちがここへやってきては、採掘に精を出しているのだ。

金の採掘に従事する人たちには、二つのタイプがある。

ひとつは、アマゾンの外からやってくる人たちで、多くは止《や》むに止まれぬ事情があってそこにやってくる。脛《すね》に傷を持つ人たちも多いようだ。彼らのことを現地では「ガリンペイロ」と呼ぶ。

もうひとつは、アマゾンの住民で、彼らが住む村全体が、金の採掘で生計を立てている。

アマゾンの奥地は、バナナやパイナップル、マンゴーくらいしか育たないところが多い。それを売って得られるお金はわずかで、収穫して市場まで運ぶための舟の燃料代すらまかなえない。

それゆえ、いつ頃からかはわからないが、金の採掘に取り組むようになった村がある。カカオ村の人たち全員がカカオで生計を立てるのと同じ感覚なのだろう。

僕は、その現場を一度見てみようと考えた。アマゾンの住民がどんな形で金の採掘に関わっているのかを知りたかったのだ。

目当ての村は、マドレ・デ・ディオス州にあるという。この州では、古くから金の採掘場が多く、最近、水銀による環境汚染が数多く報告され、採掘を禁止する大統領令が出た。しかし強制力はなく、事実上、野放しのままだ。

マドレ・デ・ディオス州は、ペルーの南東部にある州で、ブラジル、ボリビアとの国境に位置する。州内には、南米の秘境として知られ、世界遺産にも登録されている**マヌー国立公園**[注3]もあり、そこには、マシコ・ピロ族のような孤立部族も含め七〜八部族が暮らしていると聞く。

孤立部族とは、文明との一切の接触を避けて暮らす部族のことだが、古くから孤立していたわけではない。

アマゾンの開発が進み、住む場所を奪われ、しかも病原菌に対する免疫がない彼らは、外部からきた人間と接触すると病原菌に冒されバタバタと命を落とす。生き残った住民は、奥地に逃げ込み孤立したままいまに至っている。

文明との距離の取り方は、部族によって異なり、一ヵ所に定住して電気のある暮らしをする部族もいる。

なかでも僕は、文明も程よく取り入れているマチゲンガ族と交流を持ちたいと思っていた。彼らが暮らす集落には電気が通り、ツーリスト向けのエコロッジも運営されていると聞く。サルを糧《かて》にする独特の食文化にも興味があった。

マドレ・デ・ディオス「母なる神」の大地へ

この地に興味を抱いたのは、ペルーで働いていた頃だ。

地図を眺めていて不意にこの地名が目に留まった。スペイン語でマドレは母、ディオスは神、マドレ・デ・ディオスは「母なる神」を指す。

まさに食材の宝庫、資源の宝庫である大アマゾンそのものを意味するような名前に、料理人の僕はワクワクした。そんなこともあって、この旅は、何としても実現させたいと思った。

ただし外国人の僕がひとりでたどり着けるところではない。自分自身の安全を確保するためにも、ペルー人のガイドは絶対に必要だ。

そこで紹介してもらったのが、州都プエルト・マルドナードの日系人協会会長エルビスさんだ。

お父さんが日系人で、お母さんはスペイン人という日系四世で、カフェレストランを経営している。

日本語は話せないが、以前、日本の自動車メーカーの工場で三年間働いていたことがあるそうだ。

僕は、エルビスさんに現地でやりたいと思っていることを箇条書きにして伝えた。金の採掘現場の見学、村の人たちの家に滞在し、一緒に料理を作り、食べること、狩猟に同行すること。

エルビスさんが手配してくれたのは、**マドレ・デ・ディオス川**[注4]沿いにある人口二百人くらいの小さな村だった。

二〇一六年夏、三度目のアマゾンへの旅が始まった。

僕はまずリマに入り、飛行機を乗り換えてプエルト・マルドナードへと向かった。プエルト・マルドナードの中心街には、金を取り引きする店が並んでいる。採掘労働者は手にした金の塊を、ここでお金に換えるようだった。

ブラジルが近いこともあり、ポルトガル語の看板も目につく。ブラジル料理を出す店もあるようだ。

エルビスさんと合流し、僕たちは車で、まずはボート乗り場へと向かった。といっても簡単な道のりではない。ジャングルのなかをガタンゴトンと音を立てながら猛スピードで山を登ること三時間。

樹木の間から見えた簡素な小屋がボート乗り場だった。恐らく知らない人はたどり着くことはできないであろう場所だ。もちろん観光客が来るようなところではない。

僕たちは、そこで番をしていた親子とともに、小さなボートに乗り込み川を上った。父親は後ろで舵《かじ》を取る船頭、小学生くらいの女の子は舳先《へさき》に陣取り、運航中、前方を確認して船頭に危険を知らせたり、船内に溜まる水をすくったりする係だ。

出発して二時間が経過した頃だろうか。

川岸に、砂利でできた小さな山が点々とあるのが目に入った。遺跡のようにも見えるし、神聖なもののようにも見える。写真を撮ろうと慌ててスマートフォンを向けたら、船頭の男性は「そのうちイヤというほど見られるよ」と笑う。確かにその通りだった。

この辺りは鉱山が多い。

土壌に金を含んでいることから、川沿いには金の採掘場が点在している。付近には同じように金の採掘を行う村が、いくつかあるようだ。小さな砂利の山は、金の採掘時にできるものだった。

アマゾンの「おもてなし」はツンデレだった

ボートに揺られること三時間で、目当ての村に到着した。僕たちは、ここで五日間ほど過ごすことになっている。「観光客も来る」と聞いていたが、辺りには、簡素な小屋が何軒かあるだけ。二百人と聞いていた人口は、半分もないようだ。小屋といっても、まったく壁のない高床式の建物で、観光客用の宿泊施設がないことは一目瞭然だった。村には電気もなくガスも水道も通っていない。

僕たちが案内されたのも高床式の建物で、ベッドどころか布団もない。四泊分の滞在費として僕が支払った六百ドルは、ペルーではそれなりの金額だが、クモやサソリもウェルカムの野宿に近い。

案内役のエルビスさんは、早くもくじけそうになっている。そもそもこの滞在は、彼がコーディネートしてくれたのだが、エルビスさん自身、ここまでとは思っていなかったようだ。

しかし、僕は淡々としたものだった。

アマゾンでは、話が通じていないことはよくある。

住民はみんな気がいいから、なんでもOKしてくれるのだが、きちんとその通り実行されることの方がまれだ。

悪気がないことはわかっている。彼らは「いまに生きる」人たちだから、きっとその時点ではOKと思ったのだが、すぐに忘れてしまうのだろう。

ノートも鉛筆もなく個人の記憶頼みだから仕方ない。明日の約束ですら守られないことはよくある。僕はこれからの五日間は、根気よく、自分のやりたいことを伝えるしかないと悟った。

この旅で、一番の目的は金の採掘場の見学だ。

村の人にいつ見学できるのかと質問すると「長《おさ》に聞いてくる」とどこかへ行ってしまった。

アマゾンの村では、長の権限がとても強い。

何かを決めるのは常に長で、村の人たちはそれをすべて受け入れる。法律よりも警察よりも強制力を持つのが長だ。

彼が「あいつは気にくわない。痛めつけてやれ」と命令したら簡単に実行されそうで怖いが、この村では長が僕の世話をするよう指示してくれていたらしく、村の人たちは温かく迎え入れてくれた。

だけど、「おもてなし」は日本式とはかなり違う。

初日の食事ですら、黙っていると忘れられていた。僕たちは、食事をしている人たちのところに行って自分から「お腹が空いた」と訴えて初めて分けてもらえたくらいで、客人という扱いではない。そもそも「客」という概念もないのかもしれない。

翌日からは、食事の準備が始まると「僕たちの食事は?」と聞きに行くことにした。

すると「Aさんのところに行って」と言われる。

Aさんに食べさせてもらったから、僕の食事担当はAさんなのかと思い、次も行くと、今度は「Bさんのところへ行って」と言われる。

迷惑そうにされるわけではないが、要はたらい回し。滞在費を払っているのに、とイライラしても仕方がない。お客さん扱いは一切してくれないが、意地悪ではない。

「自分のことは自分で」がアマゾンの流儀で、慣れるとそれが心地よい。

夜には、歓迎の催しらしきものも開催してくれた。

村の人たちがダンスを踊ってくれたのだ。腰にバナナの葉をまとい、頭には鳥の羽で作った帽子、顔には赤い塗料で模様を描いている。

何かを歌いながら踊っているのだけど、お年寄りが多いせいか、「疲れた」と言ってはどんどん輪から離れて座り込んでしまう。

薄暗い松明《たいまつ》のもとでの謎のダンスは、拍手するにも微妙な感じで、盛り上がらないまま終わった。

ついに金の採掘場に到着！

念願の金の採掘場見学は、あっさりと実現した。

村の人たちは、毎朝決まった時間に採掘場へと向かうから、僕もそれについていったのだ。村から歩くこと約一時間で、小さな砂利の山がある川辺に到着した。

採掘の方法はいたって単純で、海底からホースで泥を吸い上げると、比重の高い金だけがシート状のスポンジに吸収される。

金のついたシート状のスポンジは、採掘場脇のビニールシートで覆われた作業所に持ち込み、金と結びつきやすい水銀を使っていったん金だけを水銀に溶かし、その後あぶって水銀を蒸発させ金を取り出す。

村の人たちは、こうした作業をじつに淡々と行う。金の魅力にとりつかれて瞳をギラギラとさせているのは、外からやってくる人たちだ。村の人たちにとってこの仕事は日々の営み。農作業をするようなのどかさだった。

金はある程度ストックしておいて売りさばくようだが、保管場所についてはあえて聞かなかった。仲買人が存在するのだと思うが、もちろん売買のやり方についても質問していない。一気にそこまで踏み込むのは、やりすぎだ。

作業に使用した水銀を、彼らはそのまま川に流してしまう。

その川には、毎日彼らの食卓に上る魚が泳いでいるにもかかわらず、だ。

それが環境破壊に繋がるという意識をもっていないから、水銀を扱う作業も素手や裸足で行う。なかには爪が変形している人もいたが、いかにも健康被害を受けているような人たちは目にしていない。

ここはかつて森林だった場所だ。

村の人たちは、ここの金を採り尽くすと新たに別の場所へと移動し、再び金の採掘を始めるのだろう。

そんな彼らは、中国や韓国の業者のやり方を非難する。

最近、川から金が採れにくくなってきたことから陸地に目をつけ、森に火を放って

川沿いの採掘場。

金の付着したシート状のスポンジを、水銀に溶かす作業。

木が燃えた後、一帯の土を大型重機で掘り起こし、浚渫機を使って金を採り出すらしい。

確かに乱暴なやり方だが、だからといって村の人たちが水銀を川に流す行為が肯定されるわけでもない。世界の金の産出量の約四分の一は、不法な採掘によるものという調査結果もある。それらは環境破壊と密接に繋がっている。

水銀が注ぎ込む川を泳ぐ魚たち

水銀が流れ込んだ川には、ナマズのようなプレコや、黄金色をした大型のドラードなどが泳ぎ回っている。滞在中、これらの魚を、何度となく住民たちと一緒に炭火で焼いたり、煮たりして食べた。

日本で見るすっきりとした体型の魚とは違い、アマゾンに生息する魚はどれもじつに個性的で、人によってはグロテスクに見えるだろう。好奇心の勝る僕はどれも美味しくいただいたが、食欲が湧かない人も多いかもしれない。

それ以上に尻込みするのは、水銀に汚染されていると見当がつく魚を口に運ぶことだろう。実際に僕も多くの人から「大丈夫ですか？」と聞かれた。二〇一四年に政府は、マドレ・デ・ディオス州における水銀汚染非常事態宣言を発令し、川魚についての商取引と消費を禁止している。

アマゾンの採鉱労働者の水銀曝露《ばくろ》のレベルが高いことは、国際的にも知られている。

だけど、長い一生のうち、ほんの数日間だけそうした魚を食べることが僕の体にどれくらいの害を及ぼすのか。そもそもアマゾンの川は繋がっている。そこで獲れるたくさんの魚たちのどれが安全でどれが危険かという判断を誰がしているのか。

僕は、大丈夫だと判断した。

アマゾンで生きるということ

その土地を知りたいと思うなら、実際に自分で体験してみることが一番だ。他人に勧めるやり方ではないが、僕は体当たりでぶつかっていくことで何かが得られるのだと思っている。

かといってまったくの無防備だったわけではない。川の水を飲んだりはせず、自分のなかである程度の線引きはしていた。

村の人たちは、政府からいくら魚を食べるなと言われたところで、糧がそれしかないなら食べ続けるだろう。

この村の食事は、魚とバナナが基本。そこにたまにタロイモやキャッサバが加わるが、毎日ほとんど代わり映えがしない。

肉をスープにすることが多いのとは対照的に、ナマズやピラルク、黄金色をした大型のドラードなどの魚は、バナナの葉っぱで包んで蒸し焼きにすることが多かった。これなら魚を焦がさないし、バナナの葉っぱから甘い香りが移る。

珍しいのは、竹を使った魚の焼き方だ。一メートルほどの竹に、縦に何ヵ所か切れ目を入れて、小型の魚を挟み、ひもで結わえて固定して、炭火の上で竹をくるくる回しながら焼く。

魚に竹の香りがついてなかなかいい感じのグリル料理だった。

原種の鶏に近い「ガジーナ・デ・チャクラ」のスープも美味しかった。この鶏を初めて見たときはびっくりした。肉が原色の黄色に近い。脂がのっていて日本で見ていた鶏とはまるで違うのだ。

スープにするとその脂がいい風味になる。

アマゾンの多くの村は、近くに市場なんてものはなく、仕事帰りのスーパーで、晩ごはんのメニューに頭を悩ませる都市の暮らしとはまるで違う。そもそも選択肢なんて存在しないのだから、飽きたという感覚を持たないし、好き嫌いもない。

彼らは日々この川の水を飲み、水浴びをする。

危機感がないと言えばそれまでだが、それがずっとこの地で続いてきた彼らの暮らしだ。

彼らがこの地から離れて暮らすことは難しい。

電気を使わず、欲望も持たず、スコールが来たらじっと木陰で雨宿りをするような暮らしをしてきた彼らが、村単位で移住できるところはないし、家族単位で町のアパートに移住することも現実的ではない。

だけど、彼らの表情はいたって明るい。

「ああしたい」「こうなりたい」という欲がないから、いつも穏やかだ。

住居には壁がなく互いの暮らしは筒抜けだが、「一人になりたい」と悩む人はいないし、狩りに出て獲物を仕留めれば、みんなで分かち合う。

肉体を酷使する毎日のように見えるが、休む時間はたっぷりあるから疲れない。

彼らと一緒にいると真の豊かさとは何なのかとつい考え込んでしまう。現代人は、もっともっとという気持ちを常にもっているから、どこか不満を抱えている。

それがさらに高みを目指す原動力にもなるのだが、果たして「もっと素敵な生活」は僕たちにとって必要なのか。

初めて見る石鹸《せっけん》に、住民は大喜び！

このとき、僕は石鹸を持参していた。

当然ここにはシャワーなんてものはなく、川で水浴びをするだけだが、僕が石鹸の泡で体を洗っていると、みんな興味津々で集まってくる。一人に石鹸を貸すと、我も我もと群がってきて、みんな大喜びで体を洗い出した。

石鹸を使うのはこのときが初めてで、当然シャンプーなんてものも知らない彼らだが、驚くことに体臭はほとんどない。

彼らは、その土地でその日に獲れたものをシンプルに料理して食べるだけ。洗剤や歯磨き粉に触れることもないし、化粧品や薬も使ったことがない彼らを見ていると、清潔さの概念まで変わってくる。

生ゴミもコンポスト装置があるわけではないが、腐敗臭などはない。土地で育った動物の骨を再び土地に埋めるのだから、まさに土に還《かえ》っていくということなのかもしれない。

魚を酔っ払わせて、モリでひと突き！

狩りや魚を獲る方法も教えてもらった。魚を獲る先生は、子どもたちだ。

訪問時は乾季だったので、水量が少なくところどころに小さな沼ができていた。彼らは、発酵させた草の根を木の棒で叩いて白い液を出し、水のなかにまく。

何が始まったのか、戸惑っていると魚が酔っ払ったように浮いてくる。その瞬間にモリでひと突き！　こんなやり方は初めて見る。モリといってもただ木を鋭く削っただけのものだが、なかなかの腕前だった。

肉が食べたくなると大人たちが狩りをする。

狩りに出るのは夜。カピバラ狩りに連れて行ってくれたのは六十代くらいの男性だ。カピバラは、おっとりとした見た目から癒やし系動物と言われることもあるが、アマゾンでは大切な食料になる。

みんなからは「おじいちゃん」と呼ばれていたその男性は、筋肉はムキムキで、僕よりも力がある。

動体視力が優れている彼らが使うのは、銃ではなく弓矢。狩りに出るのはたいてい夜だが、樹上にいる獲物だってお手のものだ。

弓矢を使った狩りを指南してくれたおじさん。

魚を獲る子どもたち。

僕は何度か昼間に弓を引いてみたが、矢をまっすぐに飛ばすことができないから、命中しなかった。

収獲したカピバラは村に持ち帰り、翌日、ぶつ切りにして、水と塩、しょうがとコリアンダーを加えてスープにした。もちろんとろみはキャッサバをすりおろしてつける。

味は、醬油《しょうゆ》の入っていない豚の角煮のような、あるいは参鶏湯《サムゲタン》のような、なかなかのものだった。

アマゾンの市場で見かけるカピバラのハムは、スープやチャーハンに使うようだ。

アマゾンでは、彼らは狩られる側でもある。

恐ろしいのはジャガーだ。その村には襲われた人はいなかったが、付近の村で、足を食いちぎられたり、命を落としたりした話を聞く。

しかし、野生の動物たちを見かけることはほとんどない。夜のジャングルを歩くと、動物たちの気配を感じることはあるが、昼間の人間たちの暮らしとは棲《す》み分《わ》けができている。

五日ぶりにあたる扇風機の風に安堵

滞在期間の五日間は、あっという間に過ぎた。

夜になると耳に響く虫や獣たちの声。スコールのときに見た稲妻の美しさ。鮮やかな原色をまとった鳥たち。そして素朴で穏やかな村の人たち。

名残惜しいが、エルビスさんは限界だった。「そろそろ帰りたい」と村の人に伝えると、「明日、川でボートを捕まえよう」と言う。

翌日、僕たちは村の人と一緒に川辺に立って、市場でフルーツを売るため川を下っていくボートに手を振った。彼らは人を乗せることが本業ではないから、停まってくれないこともある。何艘《そう》かに無視された後、停まってくれた人のボートに料金を払って乗船。

僕たちはこの村を後にした。

半日以上かけてプエルト・マルドナードの自宅に戻ったエルビスさんは、扇風機の前に陣取り、雄叫《おたけ》びをあげていた。

村での滞在中、僕が雇った案内人なのに、僕よりもヘタレなのはどうなのかと何度も思ったが、やはり相当ムリをしていたようだ。

マチゲンガ族との交流はかなわなかった。マヌー国立公園は世界遺産に登録されていることもあって、ペルー政府がしっかりと管理していた。

書類審査も煩雑で、先住民との接触の可能性がある場合には、いくつもの予防接種を受けなくてはならず、準備の時間が足りなかった。これからの課題として再チャレンジしたい。

アマゾンで開花する、料理人のクリエイティビティ

何度訪れても感じるのは、アマゾンの暮らしと生命との距離の近さだ。根源的なものに触れられる一方で、社会のひずみにも気付かされる。金の採掘は確かに多くの問題を抱えている。しかし解決への道筋は、簡単ではない。彼らの生き方に触れていると、自分がどんなことに価値を見出すのかをあらためて考える。

もっともっと高みを目指す生き方は意欲的で素晴らしい。だけど、それは時に比較を伴う。この人がこうするから、自分はこうしよう。あの人がこう言っていたけれど、自分はこう考える、というように。ミシュランの星も「世界のベストレストラン50」へのランクインも他の店との比較で成り立つ。

だけど、アマゾンでの暮らしは、他と比較することに意味がない、唯一無二のもの。

東京では、いまや世界中のありとあらゆる食材が手に入る。それが豊かさの象徴だが、アマゾンにはそこでしか手に入らないものがたくさんある。これも豊かさだ。僕は、このアマゾンの大自然のなかで、正面から食と向き合うことをクリエイティブだと感じる。そこでどんな料理を作るのか。まったく前例がないからこそ、挑戦しがいがある。

訪れるたびに僕は、これからの生き方を自問自答している。

注1　現在のメキシコ近辺で紀元前二千年くらいに発祥した古代文明として知られる。他の古代文明と異なり付近には大河がなく、人工的な貯水槽を使って雨水を利用して生活をしていた。ピラミッド形の建造物が発見されているが、その多くは謎に包まれている。

注2　十五世紀頃、メキシコ近辺で建国し、スペインに征服され十六世紀に滅んだ、わずか百年にも満たない短命の王国。いまもメキシコ国旗には、アステカ王国の首都を表す絵文字が描かれている。

注3　南米の秘境としても知られるペルー最大の国立公園で数多くの動・植物が生息することでも知られ、一九八七年に世界自然遺産にも登録されている。

注4　アマゾン川の支流で、マヌー国立公園を通過し、マドレ・デ・ディオス州の交通の要衝となる川。ジャングルのなかを蛇行しながら流れ、魚などの水生動物も豊かな川として知られる。

recipe

アマゾンの鶏「ガジーナ・デ・チャクラ」のスープ

材料

ガジーナ・デ・チャクラ（アマゾンの鶏）、
アマゾン川の水、アマゾン産しょうが、塩、
アマゾン産コリアンダー、レモン汁、
アマゾン産唐辛子

作り方

1. 鶏1羽をさばく。鍋にアマゾン川の水を入れ火にかける。
2. 鍋に潰したしょうが、塩、鶏を入れて味が出るまでコトコト茹でる。
3. 2のスープを器に注ぎ、刻んだコリアンダー、レモン汁、唐辛子を加える。

第11章

カカオとアマゾンの可能性

日本に帰国してすぐに取り組んだのは、出張料理と料理教室、そしてカカオのビジネスだ。料理人として、安定した収入を得たいのなら、レストランで雇われて働くのが一番かも知れないが、自分なりの仕事の仕方を考えていた僕は、どこにも所属せず、フリーランスという立場で仕事をすることを選んだ。

これまで僕が手にするものと言えば、包丁と鍋だったが、この時期、そこに自分の名前と連絡先を記した名刺が加わった。カカオを売るビジネスマンとして「この人」と思うシェフにこちらからアタックしたのだ。

まずはそのシェフの店へ客として食事に行き、後日、面会のアポイントをとる。大切なのは、相手といい関係を築くこと。それをビジネスに繋げたい。シェフの料理を食べたこともないのに、ビジネスを持ちかけることが僕にはできない。そんな想いを胸に、僕はカカオの魅力を伝えた。

すぐに興味を示してくれたのは「フロリレージュ」の川手寛康シェフや「コート・ドール」の斉須政雄シェフ、「シンシア」の**石井《いしい》真介《しんすけ》シェフ**[注1]だ。

「フロリレージュ」の川手さんは、ここ何年かレストランでチョコレートを使ったデザートを出していないと話してくれた。カカオ農園で、児童労働の問題が生じていることや、生産者に利益が還元されない取引のあり方を案じていたからだ。

僕が仕入れているカカオは、実際に現地へ足を運んで取引を決めたもので、そうした問題とは無縁であること、村と直接取引をすることで利益を村に還元できるフェアトレードであることを説明すると、すぐに試して品質にも満足してくれたことは、僕にとっても大きな自信になった。

料理人たちの興味をひくカカオ

カカオは、無限の可能性を秘めた食材だ。チョコレートと混同されることもあるが、チョコレートはカカオマスに油脂やミルク、砂糖などを加えて作る菓子で、カカオはその原料。カカオの果肉と種が、発酵、乾燥、焙煎という工程を経て独特の風味をもつ食材になる。種をそのまま食べてもほとんど味はしない。大豆をイメージしてもらうとわかりやすい。発酵させることで、果肉の風味が種に浸透し、あの独特の香ばしさが生まれるのだ。

カカオの風味は、品種や風土、栽培方法、そして加工方法で決まる。僕は現地で、カカオの木が育つ畑を見学し、発酵や焙煎を行うところまで自分の目で確かめた。カカカオ村の役に立ちたいと考えたのは、ここで育つカカオの品質のよさと彼らの仕事ぶりを評価し、こんなにいいものを作っているのに、村が潤っていないのはおかしいと考えたからだ。

僕が輸入しているのは、カカオペーストと呼ばれる塊で、焙煎した後のカカオを加熱してペースト状にした後、冷やし固めたもの。これをナイフで切り出して料理に使う。乾燥しているので、まずは水で溶かすと使いやすくなる。

これまでチョコレートを扱うパティシエであってもカカオがどんな工程を経てチョコレートになるかを知らない、チョコレートしか見たことがないという人も少なくなかった。スイーツを作る時も加工用のチョコレートになったものを仕入れるからだ。

ところが料理の世界では、年々、食材への関心が高まっている。産地や生育環境、加工方法などを熱心に勉強する人も多い。

そんな背景もあってカカオビジネスは、僕自身が驚くほど広がりをみせている。料理人は、仕入れ業者からどんなに売り込まれてもピンとくるものがなければその食材を使わない。逆に何かのきっかけで出逢い、興味を持てば、頼まれなくても使ってみたくなる。僕自身もそうだ。自分から営業したのは初期だけで、その後は興味を持った料理人が自ら連絡をくれるようになり、取引先は宮古島から函館まで六百軒近くにも増えた。

世界には、僕が仕入れているカカオ以外にも美味しいカカオはたくさんある。だけど、僕のカカオを使ってくれる料理人たちは、僕が、自らアマゾンへ足を運んで見つけてきたカカオを使うことに意味を見出し、自身の表現としてインスピレーションを働かせる。もともと人の真似をするのはつまらない、と感じる人たちなのだ。だから僕が、カカオの使い方を提案することもほとんどない。

カカオは日本料理との相性も抜群！

カカオを扱いはじめた当初、顧客はフランス料理のシェフたちが中心だったが、日本料理の料理人たちからも続々とオーダーが来るようになった。日本料理界の重鎮とも言える、京都の老舗料亭「菊乃井」の村田《むらた》吉弘《よしひろ》さん[注2]が早くから使ってくれたことも大きい。

彼らは、カカオが発酵食材だというところにも興味を示す。日本にも醤油や味噌、納豆など多彩な発酵文化がある。僕も発酵をキーワードに甘酒を使ったジェラートとカカオを組み合わせたデザートを作ったところとても評判が良かった。

カカオは植物性だから、精進料理にも使える。煮物やくずもち、わらびもちを作る人もいる。水とカカオをあわせてあんにしてもちで包み込んだ大福も人気だ。カカオを使うと、日本料理や和菓子をより大きな世界観で表現できる。

カカオの輪は、さらにパティシエ、ショコラティエたちにも広がってきた。フランスのショコラティエで、赤坂にも店を出した**パスカル・ル・ガック**さん[注3]や「シンシア」から独立し、「パティスリー イーズ」をオープンした**大山恵介**《おおやまけいすけ》さん[注4]だ。大山さんが作るアマゾンカカオのシュークリームは、人気商品となっている。

カカオを使えば、製菓用に製造したチョコレートよりもオリジナリティを出しやすい。僕が仕入れるアマゾンカカオは、発酵臭ともいえる酸味や、カカオ本来のフルーティな風味があるから、それを生かした菓子づくりをとクリエイティビティに磨きをかける人が多く、僕自身も刺激を受けている。

キャラメルポップコーンとフォンダンカカオが誕生

もちろん僕も料理人として、カカオを使った料理やスイーツをいくつも作ってきた。帰国してすぐに製品化したのは、キャラメルポップコーンとフォンダンカカオだ。

キャラメルポップコーンのルーツは、イタリア・ピエモンテ州の「ラ・フェルマータ」時代に遡《さかのぼ》る。当時、僕は「自分」を確立したいともがいていた。自分がこれからも生き残っていくための何か。自分にはこれがあると言えるだけの何か。それがあれば、自分の商売が始められるのではないか。そんな想いで作りはじめた。

映画館などで売られているキャラメルポップコーンは、香り付けの香料を使うことがほとんどだが、僕は鍋ではじけさせたポップコーンを、一粒ずつていねいにキャラメルでコーティングする。イタリアで作っていたものとの大きな違いは、仕上げに**カカオニブ**[注5]を加えること。これなら、コーヒーやお酒にも合う。

フォンダンカカオは、カカオの風味を生かしたパウンド型のケーキだ。カフェなどでも人気のデザート、フォンダンショコラは、カカオに牛乳と砂糖、バター、卵を加えて作るが、これだとカカオの風味が十分に生かせない。そこで牛乳ではなく、水と合わせて焼き上げたところ、ひと口食べて、日本人の味覚に合うと直感した。

カカオを使用して大人の味わいに。

乳脂肪分の多い西洋の料理は美味しいけれど、日本人は食べ疲れてしまう。日本料理は水の料理とよく言われる。だしを使い、素材の味を生かすことに心を砕く。僕の作るフォンダンカカオは、そんな日本人の食文化を背景にしたスイーツだ。

「サロン・デュ・ショコラ日本」でカカオの魅力を発信する

毎年一月に三越伊勢丹が主催するチョコレートの祭典「サロン・デュ・ショコラ日本」にも参加している。フランスと日本の一流ショコラティエ、パティシエが最新のショコラを販売するイベントで毎年たくさんのチョコレート好きが足を運ぶ。

僕が提供したのは、会場内のイートインスペースで出す料理で、二〇一九年は、カカオと料理の相性のよさを知ってもらいたいと、アマゾンカカオと赤ワインで煮込んだ牛頬肉、アマゾンカカオと玉ねぎのグラタンを作った。カカオも赤ワインもポリフェノールを豊富に含む食材でとても深みのある味わいになる。

二〇二〇年は、盛岡冷麺《れいめん》の有名店「ぴょんぴょん舎」とのコラボレーションで、ショコラ冷麺とショコラビビン麺。奇抜に感じるかもしれないが、冷麺に使う酢やキムチもカカオも発酵食品だから相性がいい。岩手県の特産品である漆《うるし》の器に盛り付け、とてもいい仕上がりになった。

「サロン・デュ・ショコラ日本」では、これからもどんどん新しい提案をして、カカオの可能性を広めていきたいと思っている。

カカオニブをかけた「ショコラ冷麺」はカカオ風味のチャーシューとともに。

僕が取り扱うカカオについて広告は一切していないが、カカオを使って料理やスイーツを作れば、SNSで積極的に発信している。テレビや新聞などのメディアで取り上げてもらうことも多く、顧客である料理人たちが「アマゾンカカオ」「ペルー産カカオ」と打ち出して料理やスイーツをサイトやSNSで紹介してくれることもあり、興味を持ってくれる人が増えるという流れができているのはとてもありがたい。

カカオへの興味は、料理人だけでなく、一般の人たちの間でも高まっていることをひしひしと感じている。「サロン・デュ・ショコラ日本」にもカカオマニアとも呼べるほど熱心なファンが数多く来場し、製品のチェックに余念がない。聞けば、自分でカカオの木を育てている人もいる。

品種や産地、加工の手順によって風味が異なり、それを使ってどんな料理やスイーツを作るの

フロリレージュの川手シェフと訪れた、アマゾンの「カカオ村」で。

かという視点でも楽しめるカカオは、たくさんの人を夢中にさせる魅力があるのだ。

川手シェフとアマゾンで合宿

「フロリレージュ」の川手さんは、初めてカカオの話をした時から、アマゾンに興味津々だった。「世界のベストレストラン50」でも上位を目指す川手さんは、広い視野をもつ料理人の一人だ。食材への興味も、それを使ってどんな料理を作るかだけに止《とど》まらず、どんな環境でどんな人たちが育てている食材なのかと広げていく。「フロリレージュ」では、フードロスを減らすことにも取り組んでいる。
そんな川手さんから「アマゾンに行き

たい」「カカオ村の現状を知りたい」とのリクエストを受け、この人の本気にとことん付き合おうと覚悟を決めた。

二〇一七年五月、僕たちは〝世界のトップシェフを目指すための合宿〟を開催した。期間は十日間で、ペルーの首都リマに入り、そこからペルー北部にあるタラポト、ユリマグアスへと進む。

川手さんが最初に驚いたのは、タラポトからユリマグアスへと車で向かう途中のレストランで食べた、カピバラのスープだった。カピバラはアマゾンに生息するネズミの仲間で、大きさは子豚くらい。狩猟によって捕獲された野生の鳥や獣の肉を「ジビエ」と言い、フランス料理ではよく使う食材だが、一般的には匂いがきつく、ていねいに処理をしないと臭みが抜けない。

ところが、ここで食べたカピバラは、ジビエの概念をくつがえすようなクセのないとても素直な味だったのだ。川手さんが「レシピを知りたい」というので、料理をしたおばさんに聞くと、「水で煮出すだけ」とあっさりしたもの。味付けは、塩と唐辛子とコリアンダーだけなのに雑味がなく、たくさん食べても胃がもたれない。

アマゾンへの期待が大いに膨らんだ川手さんだったが、ユリマグアスで案内したホテルには呆然としていた。Ｗｉ－Ｆｉも使えて、アマゾンの基準では三ツ星クラスなのだが、部屋中、虫だらけで、窓を開ければさらに大群が押し寄せてくる。日本から持っていった虫除けスプレーはほぼ役に立たない。

翌朝は「眠れなかった」とボヤいていたが、料理人だけあって、市場に着いた途端、元気いっぱいになった。バナナやコリアンダー、シナモンなど日本で見慣れた食材もここに来るとまるで別物。バナナは種類が豊富で、調理法によって使い分ける。コリアンダーは大きくて香りも鮮烈、シナモンはまさに木の皮そのものだ。

川手さんは、これまでも海外の料理イベントに参加する際には、必ず現地で市場に立ち寄ったそうだが、アマゾンの市場がとても清潔で、売っている人たちが皆、親切なことに感心していた。

確かに海外では、犬のフンが落ちていたりするような不衛生な市場も多く、外国人と見ると、高く売り付けようとする人たちも少なからずいるのだが、アマゾンの市場にはゴミひとつ落ちていない。きれいに並べられた商品を見ると、彼らが自分たちの仕事に誇りを持っていることがわかる。試食したいと言えば、快く差し出してくれるし、料理を売る店では、温かいものを温かいまま食べられるようにと、湯気が立ってホワホワな状態で売る。美味しく食べてもらいたいという気持ちが伝わってくるから、とても居心地がいい。

彼らは森で、香りを頼りに食材を探したり選別したりするほど鼻が利くから、香りを売り物にした食材も多くある。香草のシロップ漬けや香草のオリジナルブレンド、胃腸を整える作用があるバジルシードみたいな小さなタネを煮た、とろみのある水にも、レモン汁やバニラ、シナモンなどを加えて香りを出す。

アナコンダの皮も売っていた。以前、自分が飼っていた鴨がアナコンダにやられて、頭にきたからナタで叩き殺して市場で売った、という人がいたが、住民たちが、これを何に使うのかは想像がつかない。

殻に入ったゾウムシの幼虫「スリ」を串刺しにして焼いたのをバクバク食べている女の子たちもいた。「スリ」を初めて見る川手さんが驚いていると、「この男、なにビビってるの?」とでも言いたそうな視線を向ける。

時間を置いて、夕方の無認可の市場へも足を運んだ。立ち入った瞬間から、朝とはまるで違う空気が流れていることがわかる。裸足で、雨傘くらいのナタを持ってウロウロしている人たちの顔つきはまさに〝野性〟。一目で、僕たちとは別格だとわかる。彼らは獲ったものはすべて売るから、サルやデンキウナギも並ぶ。

川手さんが買ったサルの干物は、近くのレストランに持ち込んで料理をしてもらうことにした。味は、イノシシに近いだろうか。塩抜きする時間がなかったため、かなり塩分の強い味わいだった。

〝どSツアー〟で心が折れそうになる

翌日は、川手さんの希望で、スリを探すために森に入った。案内してくれた住民は、二十分も行けばスリが住み着いている木にたどり着けると言っていたが、行けども行けどもたどり着かない。アマゾンではいつも予定通りには進まないのだ。ち

住民もプロのガイドではないから、歩くスピードも方向感覚もまさに野性で、僕たちにはお構いなしにズンズンと道なき道を進んでいく。一時間も歩くとなかまで水浸しになり、尋常ではない大きさのヒルがどんどん入ってくる。中で、喉が渇いたと言ったら「川の水を飲め」と言われたが、それなら雨水の方がマシだろう。お腹が空いてもどうしようもない。

川手さんは突然「オレ、何やってるんだろう？」と言いだした。もう限界だったのだ。いつどこから何が出てくるかわからないような鬱蒼《うっそう》としたジャングルを延々と歩く。はぐれたら、それで終わり。アリに刺された足はパンパンに腫れている。自分の無力さをこれでもか、というほど突きつけられるような〝どS体験〟は、まさにここでしかできない。

僕も初めてのときはそうだったが、アマゾンの旅は、まず自分の弱さを自覚すると

ころから始まる。そこから大自然の中で危険を察知し、自分の身を守る感覚が身に付くのだ。

歩くこと三時間半、ようやくスリのいる木にたどり着いたのだが、親指くらいの小さなスリがほんの数匹見つかっただけ。川手さんの感想は、市場で食べた焼いたスリより美味しい、とのことだった。

ビジネスの世界でもスポーツや芸術の世界でも、どんなに実力があっても、自分の力のなさを思い知る瞬間がある。そこで怯《ひる》むのではなく、さらに必死になって戦ってこそ、見えるものがあると僕は思う。

カカオ農園でカレーを振る舞う

カカオ農園では、村人たちに大歓迎してもらった。日本の有名なシェフを連れて行く、と話していたのだ。川手さんとカカオ農園を歩き、加工所を見学したが、お金が十分回っていない状況は一目瞭然で、ブルゴーニュでワインを造っているぶどう農園とはまったくの別世界だと驚いていた。

だけど彼らは自分たちの現状を悲観的には捉えていない。スコールが降って食べ物が獲れなくてもイライラするのではなく、スコールが降ったら止むまで待てばいいと

日本から一流シェフが来たと住民たちは大喜び。

のんびりしたもの。時間にもお金にもまるで追われていないから、心が健やかなのだ。子どもたちは、カカオ農園のこと、大人たちがやっている仕事のことをよく理解し、誇りに思っている。なんとかお金がうまく回る仕組みを作りたい。

僕たちは、村人へのお礼に早朝から市場で仕入れた食材を使ってカレーを振る舞った。ラードで豚肉を炒め、キャッサバやグリーンピース、ジャガイモの原種と言われている「インカのめざめ」を入れて、最後にカカオとハチミツを加える。みんな「これまで食べた料理のなかでいちばん美味しい」と大喜びしていた。

この時、川手さんは村人たちに将来の夢を聞いて回ったのだが、「フェラーリに乗りたい」とか「お金持ちになりたい」とか言う人は一人もいなかった。返ってくるのは「この環境を守りたい」という言葉。彼らは、アマゾンの環境汚染をひしひしと感じているのだろう。

アマゾン料理は舌が疲れない

タラポトでは「パタラシュカ」というホテルに併設されたレストランにも立ち寄った。アマゾンの川魚の茶碗蒸しやパルミート（ヤシの芽）を使ったサラダなどアマゾン料理が食べられる店で、川手さんはどれも美味しいととても喜んでくれた。リマに戻って、もう一回アマゾン料理が食べたいと有名レストランに行ったのだが、そこで出てきたのは料理人が作り上げた料理で、素材を生かしたアマゾン料理とはまるで違うことがよくわかった。食べていると舌が疲れるのだ。アマゾン料理はお腹いっぱいになることはあっても舌が疲れることはない。

アマゾンで暮らす人たちにとって、食べることは生きること。食べることに一日のうちの大半の時間を費やしている。狩猟採集生活では、毎日確実に食べられるとは限らない。仕留めた獲物は無駄にすることなく自分たちの血や骨にする。

銃で狩りをすればもっと効率よく食料を得ることができるのかもしれない。だけどそれは乱獲に繋がる。アマゾンの住民は「弓矢を使って対等な力でやり合うのが、生態系に対する礼儀だ」と言う。そうやって生態系を守っているのだ。

料理人を志す人に、その感覚を伝えたい。これまで僕はずっとひとりでアマゾンに行っていた。市場に足を運ぶたびに、まったく違う食材が見つかるが、それを分かち合う人がいなかった。

トシさんの功績の大きさを反映するようにイベントは盛会だった。

だけど川手さんはニコニコしながら「太田さん、こんな面白いものを独り占めしていたんですか」と言ってくれた。川手さんがFacebookで旅の様子を報告すると、世界中のシェフから反響があったという。川手さんとともにアマゾンを訪れた様子は『なぜ料理人は、アマゾンを目指すのか』という映画にもなり、DVDとして販売される予定だ。

この旅から始まったのが、僕がアマゾンを料理人たちに案内するツアー「太田塾」だ。行く日が決まれば事前に告知し、参加者を募る。これまで延べ三十人くらいの料理人が参加した。もちろん川手さんはリピーターで、コロナの関係で中止になった二〇二〇年までは、毎年アマゾンに足を運んでいる。

二〇一八年の八月には、リマで四十年以上料理を作り続けたトシさんを追悼するイベントが開催され、日本からも大勢の料理人たちが参加したことから、そのイベント後に希望者を募り、アマゾンとジャガイモの原産地アンデスを案内した。アンデスでは、古代種など三百以上の品種のジャガイモが栽培されている。参加したのは「菊乃井」の村田吉弘さんをはじめ「美山荘《みやまそう》」の中東久人《なかひがしひさと》さんや「木乃婦《きのぶ》」の高橋拓児《たかはしたくじ》さんら京都の日本料理の料理人たち、近茶流《きんさりゅう》の柳原尚之《やなぎはらなおゆき》さん、更科《さらしな》そばで有名な「更科堀《ほり》井《い》」の堀井良教《よしのり》さんら総勢十七人で、マカンボ農園やカカオ農園、ユリマグアスの市場をまわり、市場で買った食材をみんなで料理した。

二〇一九年には川手さんと二人でタピオカのルーツを探る旅をした。日本で大流行しているタピオカの原料キャッサバはペルーではおなじみの食材で、タピオカにするだけでなく、発酵させて薄焼きのパンにしたり、スープの具にしたりする。タピオカにするときの搾りかすに熱湯を加えてくずもちのようにしてパイナップルなどのシロップと合わせた「カノワ」というデザートも有名だ。

現地では、畑でキャッサバを掘るところから体験した。掘り起こしたキャッサバの皮をむいてすり下ろし、その搾り汁を遠心機にかけて粒状にしたものを火であぶって水分を飛ばして乾燥させたのが、タピオカパールと呼ばれるもの。実際に現地で見るとわかるのだが、日本で人気のタピオカティーに入っているタピオカは、キャッサバではなくこんにゃくを使ったものも多い。似ているようでまるで別物だった。

アマゾンの川に生息する巨大なピラルク。

ペルー国土の六割を占めるアマゾンは、自然の様子も人々の暮らしぶりも地域によってかなり異なる。電気も水道も通っていない土地で狩猟採集生活をする人たちもいれば、それなりに大きな農園を運営しながら暮らす人たちもいるし、観光客向けの宿泊施設、エコロッジを経営する人たちもいるのだ。通ううちにそうしたアマゾンの多様性もわかってきた。

環境破壊も大きな問題だ。地球温暖化によって川の水位が高くなり、山菜の収穫時期も早くなっている。恐らく絶滅している動植物も相当あるだろう。

そしてここには、もうほとんど未開の土地は残っていない。自然の宝庫は資源の宝庫でもある。カカオやコーヒーなどの植物はもちろん、動物や鉱物も人が手にすることで経済的な価値を生む。それを求める人たちが容赦なくアマゾンに踏み込んだ結果が環境破壊につながっているのだ。

ペルー政府の環境保護活動も活発になってはいる。ピラルクは一年のうち八ヵ月の禁漁期間を設けかなり厳密に取り締まっているし、マチュピチュではペットボトルが持ち込み禁止になり、マラスの塩田は塩田内への立ち入りが禁止になった。

だけどそれで十分とは言えないだろう。今のやり方では、人が暮らしやすさを求めれば求めるほど自然は破壊されていく。自然と共存するためには、さらに何を求め、何を求めるべきでないのか。これからもアマゾンを通じて、豊かな自然とは何を指すのかを考え続けたい。料理人たちとそうした体験をともにする太田塾も続けていきたいと思っている。

注1　フレンチレストラン「シンシア」シェフ。フランス料理の名店「オテル・ドゥ・ミクニ」等で修業し渡仏。帰国後、松濤の「レストラン　バカール」で腕を振るい、同店は、日本一予約が取れないと言われるほどの人気店に。二〇一六年に「シンシア」をオープン。

注2　日本を代表する料理人であり、京都・祇園にある大正元年創業の料亭「菊乃井本店」など四店舗を運営し、惣菜や弁当等を製造販売する株式会社菊の井の代表取締役として活躍する。厚生労働大臣が卓越した技能者を表彰する「現代の名工」の一人。「菊乃井本店」は『ミシュランガイド京都・大阪』で十一年連続三ツ星を獲得。

注3　フランスのショコラティエ。「メゾン・デュ・ショコラ」で修業した後、サン・ジェルマン・アン・レーに自身の店を持つ。フランスのクラブ・デ・クロクール・ドゥ・ショコラ（チョコレート愛好家クラブ）が選ぶ十人の最優秀ショコラティエの一人。

注4　京橋「イデミスギノ」などのパティスリーや都内レストランで経験を積み、渡仏。帰国後、人気のフレンチレストラン「シンシア」で二〇一六年オープン時からシェフパティシエを務め、二〇二〇年五月に東京・日本橋兜町に自身の店「パティスリー　イーズ」をオープン。

注5　カカオ豆を焙煎し、外皮を取り除いて粗く粉砕したもので、料理に菓子にと使い途はいろいろ。

recipe

フォンダンカカオ

材料

アマゾン産カカオ、水、バター、卵、きび砂糖、カカオパウダー

作り方

1. カカオを湯で溶かす。
2. 卵にきび砂糖を加えて泡立てる。
3. 1に溶かしバターと2を加えて混ぜ合わせる。
4. さらにカカオパウダーを加え混ぜ合わせ、型に流し込みオーブンで焼く。

第12章

軽井沢から発信する

二〇一九年、僕は東京から軽井沢に居を移した。軽井沢レイクニュータウンにある三階建ての一軒家で、桜の木が植わった庭には、毎日のようにリスや野鳥がやってくる。ここでは調理場にタイルを貼るのもカウンターを作るのも自分でやった。壁は左官さんに手伝ってもらいながら、イタリアから取り寄せた土を塗り、ヨーロッパで買い集めていたテーブルや椅子を運び込んだ。厨房機器はフランスの家庭用製品を使っている。業務用よりも火の入り方が優しいところが僕の料理に合う。壁や窓には、知り合いのロシア人クリエイターにボタニカルアートを描いてもらった。

ここが僕の新しいアトリエ「LA CASA DI Tetsuo Ota」だ。レストランも営業するが、それを軸とするのではなく、僕自身の研究活動の拠点とし、並行してカカオの卸しや物販用のスイーツ作りも行う。

東京で活動していた頃から、地方自治体の食イベントやカカオの魅力を発信するイベントなどには積極的に登壇している。大阪の植物園「咲《さ》くやこの花館《はなかん》」で毎年開催されている「カカオとコーヒー展」では、アマゾンで僕が体験したことやカカオの魅力について語り、カカオを使ったドリンクやスイーツを参加者とともに味わう。植物

軽井沢の別荘地にある一軒家をアトリエに。
壁の黄色はイタリアの民家をイメージ。

どっしりとしたテーブルはフランスのアンティーク。

園なので、植物のカカオがどんな工程を経て食べものになっていくかに、みんな興味津々だ。

イベントが面白いのは参加者の反応がすぐにわかるところだろう。情報の価値を決めるのは、僕ではなく参加者なのだ。思わぬところで反響があったりして勉強になることが多い。

さらに、企業や地方自治体からコンサルティングやプロデュースを依頼されることも増えた。うなぎパイで有名な春華堂からは、僕が監修した「アマゾンカカオもなか」を販売している。

レストランの営業は月に六、七日、年間七十日くらい。予約はSNSを通じて受け付けているが、大体、半年先くらいまで埋まっている。

僕がここで作るのは、自然に寄り添う料理だ。「イタリア料理ですか？　ペルー料理ですか？」と聞かれることもあるが、これまでの経験をベースに、この土地で穫れるものを最大限に生かした料理です、と答えている。

自然に寄り添いながら料理を作る

軽井沢は標高が約一千メートルあり、湿度も高い。水道から出る水も軟水ではなく

（右）レストランではコース仕立てで料理を出す。近所で採れたクレソンを添えた「信州地鶏の韓国風スープ」は滋味深く、ゆっくりとからだに同化していく。
（左）長野県で改良した「信州大王イワナ」を丁寧にロースト。繊細なイワナの味わいが生きている。

硬水だ。気圧の関係で火力が弱いから、しっかり焼き色をつけたステーキや揚げものよりもじっくりコトコト煮込む料理や蒸しものが合う。長野の家庭では、灯油ストーブに鍋を置いて料理を作ることも多い。湿度の高い日は想定したよりも水っぽく仕上がることもあるから、天候の変化にも敏感になる。

こんな料理が作りたいからと、各地から望む食材を仕入れるのではなく、信州牛や信州地鶏、春にはあぜ道に生えているよもぎやセリ、クレソン、秋にはキノコ類、冬にはむろに入れて旨みを増した大根や人参など、この地に根付いているものをベースに、僕自身の引き出しにある食材、パルミジャーノやタピオカ、カカオと組み合わせて作る。

長野県には海がないので、海魚は使わずイワナなどの川魚を使う。ただし、からすみなどの塩漬けにした加工品は古くからこの地に根付いていた食材なので使っている。

オマール海老やトリュフ、フォアグラなど西洋の高級食材を使って、テーブルに運んだ途端に歓声が上がるような料理に憧れた時期もあるのだが、軽井沢で僕が作りたいのは、日常の延長線上にある料理だ。管理された質の高い食材を使えば、グルメたちが喜ぶような奇抜で豪華な料理が作れるのだろうが、僕は地元で穫れた食材を、どうすれば美味しく食べられるのかと考えることにやりがいを感じる。収穫できる野菜は季節によって違うし、鶏肉も季節によって脂のノリが違う。だから自然と向き合う感覚が芽生える。

その上で、トマトソースと合わせたり、生クリームを発酵させた自家製サワークリームを加えたりと僕自身の経験やインスピレーションをプラスして、ジャンルの枠を超えた料理が完成するのだ。

一流レストランの調理場は窓のないところも多いが、一日のうちでも目まぐるしく天候が変わる日もある軽井沢では、季節や時間の流れを感じながら料理を作っている。席数は最大六席で、料理人は僕ひとり。研ぎ澄まされた隙のない料理を緊張しながら食べるのではなく、外の景色を眺めたり、窓から入ってくる風を感じたりしながら、食事をする時間の流れを楽しんでもらいたい。

スイーツが繋ぐ地元の人たちとのいい関係

物販にも積極的に取り組んでいる。キャラメルポップコーンとフォンダンカカオは、この地に合わせてレシピを変更した。フォンダンカカオに使う水は、浅間山の湧き水を汲みに行く。よりみずみずしく、舌の上でスッと溶けていく食感を楽しんでもらえるようになった。

ここに来てから新しく商品化したものもある。そのひとつが、イチゴとカカオバターのジャムだ。イチゴはもちろん地元産のもの。カカオバターは、脱臭処理を施したものではなく、カカオ特有の匂いを残し、微量のポリフェノールを含んだ未脱臭のものを使っている。これからは、地元の果実とカカオを組み合わせたものも旬に合わせて出していきたい。

梱包や発送などは地元の人たちに一日分の仕事量を指定してお願いしている。単調な仕事だが、いつも和気あいあいと作業を進め、疲れてくるとお茶を淹れて話に花が咲く。来てくれるのは農家の女性が多く、野菜をわけてもらうこともある。

地元の食材を使った商品作りにも力を注ぐ。

心強い助っ人の地元の方たち。

長野県産の食材を使うことに満足するのではなく、僕がこれまでに培った調理法や別の食材を組み合わせて料理を作れば、新たな付加価値が生まれるだろう。そんな一歩進んだ地産地消を目指している。また地元の人たちに働いてもらうことや地元のメディア、店舗と協力関係を築くことで、地域の活性化にも貢献したい。

地方で複数の仕事を持つ

僕は今、こうしていくつかの仕事を並行して行っている。軽井沢にきたから、新型コロナウイルス感染拡大による社会の変化があったから、ということではなく、ずっと前から自分らしい仕事の仕方を模索していたのだ。

複数の仕事を持っていると爆発的な売り上げは出しにくいのかもしれない。しかし利益が分散するかわりにリスクも分散する。それぞれの仕事で顧客層が異なる点もメリットが大きい。

新型コロナで休業要請が出たときは、物販に助けられた。物販は単価が安い分、より広い範囲の人たちにカカオの魅力を伝えることができる点でもありがたい。

東京ではなく地方に拠点を構えるメリットは、営業にかかる固定費をかなり抑えられることだろう。僕もここでは賃料が安いから、少しずつ準備しながら仕事の体制を整えられた。軽井沢は僕が生まれ育った白馬村からは離れているが、長野県は僕の故郷ともいえる地だから、縁もつながりやすい。信濃毎日新聞の連載や県内の大学での講義、デパートへの出店などもよく声がかかる。

一方で、集客が厳しいと感じる人もいるだろう。都会の刺激に慣れていると、物足りなさを感じることもあるかもしれない。だけど人生に求めるものは人それぞれで、全員に合うやり方はない。結局は、自分が何を選ぶかだ。

僕は「エル・ブジ」時代から、料理人として最先端を目指すことには違和感があった。常に全速力で走り続け、それでもいつか最先端ではいられなくなる。イタリアでもペルーでも僕が惹かれたのは、土地の暮らしに根付いた料理や、家庭の台所でおばあちゃんやお母さんが作り続けてきた、素朴だけど、しみじみと美味しい料理だったのだ。

ここでは東京と同じ料理は作れないし、作る必要もない。食材にしても気候にしても東京はもっと快適で、たくさんの選択肢があるだろう。僕は縁あってやって来たこの地で自然と向き合い、そこから得たものを自分なりの解釈で広げていきたい。

世界のトップシェフたちの働き方

海外で活躍するシェフたちを見ていると、複数の仕事に取り組んだり、地方に移ったりして自分なりの世界観を打ち立てている人が多い。「エル・ブジ」では、レストランの営業は年間七ヵ月で、休業中、フェラン・アドリアはプロデュースなどほかの仕事を手掛けていた。ペルーのガストン・アクリオは、料理人としてではなく経営者として、多角的に仕事をしている。

イタリアの「オステリア・フランチェスカーナ」のシェフ、マッシモ・ボットゥーラの活動も素晴らしい。「オステリア・フランチェスカーナ」は、「世界のベストレストラン50」で二〇一六年にナンバーワンを獲得したレストランで、エミリオ・ロマーニャ州のモデナという地方都市にある。シェフのマッシモは、カジュアルレストランやホテルを経営しながら、この地の魅力を彼らしいやり方で世界に向けて発信している。

ペルーのヴィルヒリオ・マルティネスは、首都のリマにある「セントラル」のシェフとして活躍し、「世界のベストレストラン50」で最高四位まで上り詰めた人物だが、現在は、リマから車で二十時間かかるアンデスで「ミル」というレストラン兼研究所を運営している。標高三千五百メートルの地で育つ食材、できる料理を追究する一方で、アンデス原産の古代種のジャガイモや食べられるバクテリアの研究を進めているのだ。

「ミル」には世界中から客が訪れている。写真中央がヴィルヒリオ。

二〇一八年、トシさんのイベントがあったその二ヵ月後の十月には、アンデスにあるレストラン「ミル」で、シェフのヴィルヒリオ・マルティネスと川手さんがコラボディナーをやることになり、京都のイタリアンのシェフたちとともに参加した。

標高三千五百メートルの土地で料理を作るのは初めての体験だ。高地では気圧の関係で火の入り方が変わる。日本のオーブンは三百度まで上げられるものもあるが、ここでは百八十度が精一杯。炒めものをしても焼き色をつけるのは難しい。食べるときも味覚が変わり塩味や香りを感じにくくなる。使う食材はこの地で育つ、ジャガイモやキノアなど穀物が中心だ。

世界中から希少な食材を取り寄せて作る料理もあれば、土地に根差した食材で作る料理もある。自然と寄り添うのは、簡単なことではない。豊作の年もあれば凶作の年もあるからだ。自然の中で成り立つ料理とはどんな料理かと考えるきっかけになった。

仏教との出会い

そして今、僕が新たに興味を抱いているのは高野山《こうやさん》だ。イタリアでもペルーでも多くの人たちの暮らしの中には宗教があった。食事の前にお祈りを捧げるのは、自然と寄り添い、感謝する気持ちの表れだ。日本でも狩猟のため森に入るマタギは、足を踏み入れる前に森に向かって一礼するし、僕も料理に使う湧き水を汲むとき、水場に向かって一礼する。

神仏を身近に感じながら生きることで自然との向き合い方もより深くなっていくことに気付きはじめたとき、機会があって高野山に足を運び、異次元な空気の流れを感じた。通ううちにこの地の神聖さにどんどん惹かれ、僧侶の方に話をうかがい得度《とくど》した。これからは通いで修行を続けていくつもりだ。

アマゾン、そしてこれから

有名シェフに憧れて、長野から東京の有名レストランに通っていた高校時代。イタリアへの語学留学で知ったイタリア料理の素朴な美味しさ。料理人になることを決めて帰国し、東京のイタリアンレストランで修業。そして、再びイタリアへ。

最初は言葉が不自由だったこともあってひどい条件で働いたこともある。

それでも休日は国内での貧乏旅行を楽しんだ。そのころに気付いたのが、郷土料理の豊かさだ。

自分を確立させようともがいた時代もある。

最先端の料理に触れた「エル・ブジ」での研修。このころから少しずつ、料理を作るだけではなくもっと先を見るようになった。

ミラノでのプライベートシェフとしての経験。最新スタイルのピッツァを研究し、イタリアの料理学会で登壇したことは大きな自信に繋がった。

ペルーに向かうことを決めたのは、陽気なペルー人の気質と食材の豊富さ、そして国を動かす力を持つと言われるスターシェフ、ガストン・アクリオの存在も大きかった。

そしてアマゾン、カカオ村との出会い。ここから僕のカカオビジネスが始まった。日本の料理人たちとともにカカオ村を訪れるたびにアドバイスをし、励ましている。これからも長い付き合いになりそうだ。

かつては僕も、最先端のクリエイティブな料理に憧れた。スペインの「エル・ブジ」で修業もしたし、ミシュランの星付きの店をすごいと思う感覚もあった。だけど、アマゾンに通うようになって価値観が大きく変わった。素材も料理も、驚くほどクリアな味をしていたのだ。力強く濃厚なのに後を引かない。味覚に関しては、アマゾンの人たちの方が、街で暮らす僕たちよりも繊細ではないだろうか。化学調味料に慣れた舌では、アマゾン料理の旨みはわからないかもしれない。調理法はいたってシンプルで、食材の旨みが最大限に生きている。

フルーツでもキンキンに冷やしたものが好きだという人もいれば、常温で置いてあるものが美味しいという人もいる。常温の方が香りや風味はわかりやすいが、冷蔵庫で冷やしたフルーツを知ってしまうとそちらがいいとなってしまう。

人は、何を美味しいと感じるのだろうか。

食の世界で高みを目指す料理人は、美味しさを徹底的に追求する。素材を厳選し、調理法を研究して一皿を作り上げるのだ。お客さんたちはそんな料理に期待を膨らませ、レストランに足を運ぶ。

ところが最近は、皿の中だけで勝負をするのではなく、もっと自分らしいスタイルを確立しようとする料理人が増えているという話は先に書いた。

そして僕は、軽井沢で自然と寄り添いながら料理やスイーツを作っている。湧き水を汲みに行ったり、地元の農家の人と交流したりする日々の中、自分の手で仕上げたアトリエで調理場に立つ。僕の料理の引き出しには、イタリアやスペイン、ペルー、そして日本各地で学んだことがたくさん詰まっている。これまでの人生と、ここでの暮らしを融合したものが、僕が作っている料理やスイーツなのだ。

ときには、軽井沢を離れて旅をする。イタリアやアマゾンへは事情が許せば、これからも定期的に訪問したい。

そして今、新たに興味を持っているのはロシアだ。これまであまり日本で紹介されることがなかったロシア料理は、独特の香草の使い方をするところが面白い。サワークリームやサワーキャベツなどこの地域の発酵食品にも興味がある。これからも未知のものと触れ合いながら、自分自身の価値観を更新し続けたい。

軽井沢に来てから、僕のライフスタイルに共感してくれる人が増えている。単純に美味しさだけを求めるのではなく、ここでの生活のなかから生まれてくるものを評価してくれるのだ。味の背景にあるもの、食材の起源や料理人の人生も含めたものに人は心を動かすようになってきたような気がしている。

イタリアで料理人になろうと決めたときも、アマゾンへ旅立ったときや軽井沢へ移住したときも僕はいつも自分が楽しいと思うことを選んできた。高野山での得度もそうだ。何かを始めようとするとき、あれもこれもと欲張りすぎるとなかなか決断ができない。そこで得られる自分の武器は何かを考え、諦めずに続けていけば、少しずつ実は育っていくことを実感している。

僕はこれからも、自分自身の人生を武器にして、食の世界から太田哲雄として発信を続けていく。

〝確信〟を持った〝地球の料理人〟

植野広生（ｄａｎｃｙｕ編集長）

料理人をおおまかに分類すると〝熱く〟燃えるタイプと〝冷たく〟燃えるタイプに分かれると思う（もっと詳細に分けると「哲学者タイプ」「お笑い芸人タイプ」などもいるが）。基本的に熱い心を持った人に適した職業なのだが、燃え方に違いがあるのだ。食の雑誌を長く手掛けてきたためか、顔や雰囲気を見ただけでどちらのタイプかすぐにわかるのだが、太田哲雄という料理人はまったくわからなかった。

初めて出会ったのは5年程前、ある食事会のオープンキッチンで太田さんが料理をつくったときのこと。僕は客であったのだが、いつしか太田さんの背後で洗いものを手伝っていた。ペルー料理をつくる様子をもっと間近で見たくなり、キッチンに入ってしまったのだ。客に料理の説明をしながら淡々と手を動かす雰囲気は、僕がこれまで出会った料理人とはまったく違う不思議なオーラを出していた……。

その後も太田さんの料理を何度も食べたし、取材をしたり、あるいは一緒に食事に行っていろいろな話をした。そして少しずつわかったのは、タイプに限らず、ジャンルに当てはめることがあまり意味を持たない料理人であるということだ。

本書を読んでいただければおわかりだが、まず経歴が尋常ではない。『料理の鉄人』にハマり、アルバイトをして一流シェフの店を食べ回る高校生など日本中探してもいなかったはずだ。今でも『料理の鉄人』の話になると目を輝かせて語り始める。「料理オタクだったんです」と自分で言っているくらいだ。そのまま料理人を目指し、イタリア、スペイン、ペルーと修業することになるが、これも普通の料理人の過程とはまったく異なる。マフィアに気に入られたり、〝プラダを着た悪魔〟に仕えたりと、豊かな（？）人生経験を積んだことが、どんな状況でも淡々と料理をつくれる素地をつくったのだろう。だから今でも、一人で大人数の料理をつくることになっても、徹夜しても終わらないほどのお菓子を注文されても、どんな相手が客であっても、まったく動じず、穏やかな笑顔を見せる（余談だが、店が忙しくなるとパニクってしまう料理人は実は結構いる）。

さらに当時は「エル・ブジ」で働いた経験があれば、それだけでも店が出せるくらいの箔《はく》がついたのだが、不満を感じて契約延長を辞退してしまう。世界から注目を集めた「ガストン」も同じ。むしろ「ペルー料理の母」の店に興味を持ってしまう。これらの店で働きたいという憧れを持つ者が、世界中にどれほどいたことか。しかし、太田さんにとっては、そうした〝肩書〟は何の意味も持たない。そんな形式的なことのもっと奥にある、料理の本質や原点を常に見ているから。

「エル・ブジ式の料理は食材を無駄にする」ことが不満であったと書いているが、これはフード・ロスという資源的・経済的損失だけを考えるのではなく、「美味しい料理とはなにか」というシンプルだが永遠の本質をテーマにしているからだ。実際、太田さんと会うと、いつしかこうした原点の話になっていることがほとんど。

そして、その原点を見るために訪れたのがアマゾンだ。現地に行ったときの話は何度も聞いているが、その度に新鮮な驚きを受ける。実際に〝アマゾン村〟のカカオや土の下の巣から採った蜂蜜なども食べさせてもらったが、衝撃を受けた。それは、日本の店で味わう〝美味しい〟とは別次元の大地や自然のパワーそのもの。それは「無農薬」とか「自然派」など言葉の飾りが不要な世界。食の原風景を感じるのだ。

こうした原点こそが、太田さんの目指すところであり、それを守らなければならないという信念を持っている。そのために「太田塾」で料理人をアマゾンへ案内し、体験させる。実際に訪れた料理人は、大自然の驚異を知り、大自然と一体化している食材や料理を目の当たりにし、料理の世界観が変わるという。「植野さんも一緒にアマゾンへ行きましょうよ！」と気軽に誘ってくるのだが、今のところお断りしている。

現地の話を聞けば聞くほど、中途半端な覚悟と時間では行ってはいけないと思ってしまうから。

そんな世界を渡り歩いてきた太田さんは、いま軽井沢を拠点にしている。自然に恵まれた環境で、地元の水や野菜や魚を使って料理を繰り出している。ここで食べる料理は東京で体験するものとはひと味違う。アマゾンに限らず、自分たちが生きている環境で、自然の恵みをきちんといただくことが、いかに大切で、そして美味しさにつながるかを示しているような気がする。

冒頭で書いた通り、太田哲雄という料理人はどんなタイプかわからなかった。そして、実は今でもよくわからない。いつも穏やかな表情をしているが、内面では熱く燃えたり、冷たく燃えたりしているようでもあるし。ただ、本書を読んで改めて感じたのは、料理の本質を目指すための確固たるものを持っているということ。これまでの経験や行動を通した〝確信〞があるのだ。〝確信を持って〞燃えるのだろう。他にあまりいないタイプなのだ。

そういえば、僕も「太田さんはイタリアンの料理人なんですか？　スペインですか？　それともペルー？　アマゾン？」などと聞かれることがある。そんなときにはこう答えている。「ジャンル分けする意味がない人ですよ。イタリア料理もペルー料理もつくるけど、太田さんは〝地球の料理人〞です」

さて、地球の料理人・太田哲雄が食の原点を求める旅は、まだまだ続くと勝手に思っている。この先どこへ向かうのか、とても楽しみだ。

本書は、二〇一八年一月に小社より刊行された
単行本を、加筆、修正して文庫化されました。
取材・構成／今泉愛子
挿画／越井　隆
写真提供／著者

|著者| 太田哲雄　1980年、長野県白馬生まれ。19歳で伝手もなくイタリアに渡って以降、料理人として、イタリア、スペイン、ペルーと3ヵ国で通算10年以上の経験を積み、2015年に日本に帰国。イタリアでは星付きレストランからミラノマダムのプライベートシェフ、最先端のピッツァレストランで働き、スペインでは「エル・ブジ」、ペルーでは「アストリッド・イ・ガストン」などに勤務。現在は、料理をする傍ら、アマゾンカカオ普及のため幅広く活動している。

アマゾンの料理人《りょうりにん》　世界一《せかいいち》の"美味《おい》しい"を探《さが》して僕《ぼく》が行《い》き着《つ》いた場所《ばしょ》

太田哲雄《おおたてつお》

© Tetsuo Ota 2020

講談社文庫

定価はカバーに
表示してあります

2020年10月15日第1刷発行

発行者——渡瀬昌彦
発行所——株式会社　講談社
東京都文京区音羽2-12-21　〒112-8001
電話　出版（03）5395-3510
　　　販売（03）5395-5817
　　　業務（03）5395-3615

デザイン—菊地信義
本文データ制作—講談社デジタル製作
印刷———豊国印刷株式会社
製本———株式会社国宝社

Printed in Japan

落丁本・乱丁本は購入書店名を明記のうえ、小社業務あてにお送りください。送料は小社負担にてお取替えします。なお、この本の内容についてのお問い合わせは講談社文庫あてにお願いいたします。

本書のコピー、スキャン、デジタル化等の無断複製は著作権法上での例外を除き禁じられています。本書を代行業者等の第三者に依頼してスキャンやデジタル化することはたとえ個人や家庭内の利用でも著作権法違反です。

ISBN978-4-06-519505-5

講談社文庫刊行の辞

二十一世紀の到来を目睫に望みながら、われわれはいま、人類史上かつて例を見ない巨大な転換期をむかえようとしている。

世界も、日本も、激動の予兆に対する期待とおののきを内に蔵して、未知の時代に歩み入ろうとしている。このときにあたり、創業の人野間清治の「ナショナル・エデュケイター」への志を現代に甦らせようと意図して、われわれはここに古今の文芸作品はいうまでもなく、ひろく人文・社会・自然の諸科学から東西の名著を網羅する、新しい綜合文庫の発刊を決意した。

激動の転換期はまた断絶の時代である。われわれは戦後二十五年間の出版文化のありかたへの深い反省をこめて、この断絶の時代にあえて人間的な持続を求めようとする。いたずらに浮薄な商業主義のあだ花を追い求めることなく、長期にわたって良書に生命をあたえようとつとめるところにしか、今後の出版文化の真の繁栄はあり得ないと信じるからである。

同時にわれわれはこの綜合文庫の刊行を通じて、人文・社会・自然の諸科学が、結局人間の学にほかならないことを立証しようと願っている。かつて知識とは、「汝自身を知る」ことにつきていた。現代社会の瑣末な情報の氾濫のなかから、力強い知識の源泉を掘り起し、技術文明のただなかに、生きた人間の姿を復活させること。それこそわれわれの切なる希求である。

われわれは権威に盲従せず、俗流に媚びることなく、渾然一体となって日本の「草の根」をかたちづくる若く新しい世代の人々に、心をこめてこの新しい綜合文庫をおくり届けたい。それは知識の泉であるとともに感受性のふるさとであり、もっとも有機的に組織され、社会に開かれた万人のための大学をめざしている。大方の支援と協力を衷心より切望してやまない。

一九七一年七月

野間省一

講談社文庫 最新刊

辻村深月
図書室で暮らしたい
辻村深月の世界は〝好き〟で鮮やかに彩られている。読むと世界がきらめくエッセイ集。

三津田信三
忌《い》物《ぶつ》堂《どう》鬼《き》談《だん》
持つ者に祟る〝忌物《いぶつ》〟を持ち、何かに追われる由羽希《ゆうき》。怪異譚の果てに現れるものとは？

太田哲雄
アマゾンの料理人
〈世界一の〝美味しい〟を探して僕が行き着いた場所〉
食べて旅して人生を知る。メディアでも話題！新時代の料理人が贈る、勇気のエッセイ。

安本由佳
山本理沙
不機嫌な婚活
なぜ、私ではなくあの子が選ばれるの？ 令和の婚活市場を生き抜く、女子のバイブル！

高野史緒
翼竜館の宝石商人
ペストの恐怖が街を覆う17世紀オランダ。レンブラントとその息子が消えた死体の謎を追う。

あさのあつこ
おれが先輩？
〈さいとう市立さいとう高校野球部〉
甲子園初出場を果たし、野球部に入部希望者が殺到するはずが!? 大人気シリーズ第3弾！

松田賢弥
したたか 総理大臣・菅義偉の野望と人生
第99代総理大臣に就任した菅義偉。本人の肉声と地元や関係者取材から、その実像に迫る。

森功
高倉健
〈隠し続けた七つの顔と「謎の養女」〉
稀代の名優が隠し続けた私生活の苦悩と葛藤。死後に登場した養女とは一体何者なのか？

講談社文庫 最新刊

瀬戸内寂聴　いのち
大病を乗り越え、いのちの炎を燃やして95歳で書き上げた「最後の長編小説」が結実！

真山　仁　シンドローム(上)(下)〈ハゲタカ5〉
電力は国家、ならば国ごと買い叩く。ダークヒーロー鷲津が牙を剝《む》く金融サスペンス！

浅田次郎　地下鉄《メトロ》に乗って〈新装版〉
浅田次郎の原点である名作。地下鉄駅の階段を上がるとそこは30年前。運命は変わるのか。

佐々木裕一　くもの頭領〈公家武者 信平《のぶひら》(九)〉
三万の忍び一党「蜘蛛《くも》」を束ねる頭領を捜せ！実在の傑人・信平を描く大人気時代小説。

狐のちょうちん〈公家武者信平ことはじめ(一)〉
実在の公家侍・信平を描く大人気シリーズ、その始まりの物語が大幅に加筆し登場！

知野みさき　江戸は浅草3〈桃と桜〉
江戸人情と色恋は事件となって現れる——大注目の女性時代作家、筆ますます冴え渡る！

西村京太郎　十津川警部　山手線の恋人
山手線新駅建設にからみ不可解な事件が続発。十津川は裏に潜む犯人にたどり着けるのか？

野村克也　宮本慎也　師弟
ヤクルトスワローズの黄金期を築いた二人に学ぶ、「結果」を出すための仕事・人生論！

本谷有希子　静かに、ねぇ、静かに
SNSに頼り、翻弄され、救われる僕たちの空騒ぎ。SNS三部作！芥川賞受賞後初作品集。

講談社文芸文庫

田岡嶺雲

数奇伝

著作のほとんどが発禁となったことで知られる叛骨の思想家が死を前にして語る生い立ちは、まさに「数奇」の一語。生誕一五〇年に送る近代日本人の自叙伝中の白眉。

解説・年譜・著書目録＝西田　勝

たAM1

978-4-06-521452-7

中村武羅夫

現代文士廿八人

かつて文士にアポなし突撃訪問を敢行した若者がいた。好悪まる出しの人物評は大人気。花袋、独歩、漱石、藤村……。作家の素顔をいまに伝える探訪記の傑作。

解説＝齋藤秀昭

なU1

978-4-06-511864-1

講談社文庫　目録

芥川龍之介　藪の中
有吉佐和子　新装版 和宮様御留
阿刀田　高　ナポレオン狂
阿刀田　高　新装版 ブラック・ジョーク大全
相沢忠洋　「岩宿」の発見〈幻の旧石器を求めて〉
鮎川哲也　りら荘事件
赤川次郎　偶像崇拝殺人事件
赤川次郎　人間消失殺人事件
赤川次郎　三姉妹探偵団
赤川次郎　三姉妹探偵団2〈キャンパス篇〉
赤川次郎　三姉妹探偵団3〈珠美・初恋篇〉
赤川次郎　三姉妹探偵団4〈怪奇篇〉
赤川次郎　三姉妹探偵団5〈復讐篇〉
赤川次郎　三姉妹探偵団6〈危機一髪篇〉
赤川次郎　三姉妹探偵団7〈駆け落ち篇〉
赤川次郎　三姉妹探偵団8〈人質篇〉
赤川次郎　三姉妹探偵団9〈青ひげ篇〉
赤川次郎　三姉妹探偵団10〈父恋し篇〉
赤川次郎　死が小径をやってくる〈三姉妹探偵団11〉
赤川次郎　死神のお気に入り〈三姉妹探偵団12〉
赤川次郎　次女と野獣〈三姉妹探偵団13〉
赤川次郎　心地よい悪夢〈三姉妹探偵団14〉
赤川次郎　ふるえて眠れ、三姉妹〈三姉妹探偵団15〉
赤川次郎　三姉妹、呪いの道行〈三姉妹探偵団16〉
赤川次郎　三姉妹、初めてのおつかい〈三姉妹探偵団17〉
赤川次郎　恋の花咲く三姉妹〈三姉妹探偵団18〉
赤川次郎　月もおぼろに三姉妹〈三姉妹探偵団19〉
赤川次郎　三姉妹、ふしぎな旅日記〈三姉妹探偵団20〉
赤川次郎　三姉妹、清く貧しく美しく〈三姉妹探偵団21〉
赤川次郎　三姉妹と忘れじの面影〈三姉妹探偵団22〉
赤川次郎　三姉妹、舞踏会への招待〈三姉妹探偵団23〉
赤川次郎　三人姉妹殺人事件〈三姉妹探偵団24〉
赤川次郎　三姉妹、さびしい入江の歌〈三姉妹探偵団25〉
赤川次郎　静かな町の夕暮に
泡坂妻夫　花火と銃声
新井素子　グリーン・レクイエム
安能務 訳　封神演義 全三冊
安西水丸　東京美女散歩
トルーマン・カポーティ 安西水丸 訳　真夏の航海
綾辻行人　緋色の囁き
綾辻行人　暗闇の囁き
綾辻行人　黄昏の囁き
綾辻行人　殺人方程式〈切断された死体の問題〉
綾辻行人　鳴風荘事件 殺人方程式II
綾辻行人　十角館の殺人〈新装改訂版〉
綾辻行人　水車館の殺人〈新装改訂版〉
綾辻行人　迷路館の殺人〈新装改訂版〉
綾辻行人　人形館の殺人〈新装改訂版〉
綾辻行人　時計館の殺人〈新装改訂版〉
綾辻行人　黒猫館の殺人〈新装改訂版〉
綾辻行人　暗黒館の殺人 全四冊
綾辻行人　びっくり館の殺人
綾辻行人　奇面館の殺人(上)(下)
綾辻行人　どんどん橋、落ちた〈新装改訂版〉
綾辻行人ほか　7人の名探偵
我孫子武丸　探偵映画
我孫子武丸　新装版 8の殺人

あさのあつこ NO.6〔ナンバーシックス〕#8
あさのあつこ NO.6〔ナンバーシックス〕#9
あさのあつこ NO.6beyond〔ナンバーシックス・ビヨンド〕
あさのあつこ 待 っ て る〈橘屋草子〉
あさのあつこ さいとう市立さいとう高校野球部 (上)(下)
あさのあつこ 甲子園でエースしちゃいました〈さいとう市立さいとう高校野球部〉
阿部夏丸 泣けない魚たち
朝倉かすみ 肝、焼 け る
朝倉かすみ 好かれようとしない
朝倉かすみ ともしびマーケット
朝倉かすみ 感 応 連 鎖
朝倉かすみ たそがれどきに見つけたもの
朝比奈あすか 憂鬱なハスビーン
朝比奈あすか あの子が欲しい
荒山 徹 柳生大作戦 (上)(下)
天野作市 気 高 き 昼 寝
天野作市 みんなの旅行
青柳碧人 浜村渚の計算ノート
青柳碧人 浜村渚の計算ノート 2さつめ〈ふしぎの国の期末テスト〉
青柳碧人 浜村渚の計算ノート 3さつめ〈水色コンパスと恋する幾何学〉
青柳碧人 浜村渚の計算ノート 3と1/2さつめ〈ふえるま島の最終定理〉
青柳碧人 浜村渚の計算ノート 4さつめ〈方程式は歌声に乗って〉
青柳碧人 浜村渚の計算ノート 5さつめ〈鳴くよウグイス、平面上〉
青柳碧人 浜村渚の計算ノート 6さつめ〈パピルスよ、永遠に〉
青柳碧人 浜村渚の計算ノート 7さつめ〈悪魔とポタージュスープ〉
青柳碧人 浜村渚の計算ノート 8さつめ〈虚数じかけの夏みかん〉
青柳碧人 浜村渚の計算ノート 8と2分の1さつめ〈つるかめ家の一族〉
青柳碧人 浜村渚の計算ノート 9さつめ〈恋人たちの必勝法《マーチンゲール》〉
青柳碧人 東京湾 海中《かいちゅう》高校
青柳碧人 希土類少女《レアアース・ガール》
青柳碧人 霊視刑事夕《ゆ》雨《う》子《こ》1〈誰かがそこにいる〉
朝井まかて 花《はな》競《くら》べ〈向嶋なずな屋繁盛記〉
朝井まかて ちゃんちゃら
朝井まかて す か た ん
朝井まかて ぬ け ま い る
朝井まかて 恋 歌
朝井まかて 阿《お》蘭《らん》陀《だ》西《さい》鶴《かく》
朝井まかて 藪医《やぶい》 ふらここ堂
朝井まかて 福 袋
歩《あゆみ》 りえこ ブラを捨て旅に出よう〈貧乏乙女の"世界一周"旅行記〉
安藤祐介 営業零《ぜろ》課《か》接待班
安藤祐介 被取締役《とりしまられやく》新入社員
安藤祐介 お い ! 山 田〈大翔製菓広報宣伝部〉
安藤祐介 宝くじが当たったら
安藤祐介 一〇〇〇ヘクトパスカル
安藤祐介 テノヒラ幕府株式会社
青木 理 絞 首 刑
天祢 涼 議員探偵・漆原翔太郎〈セシューズ・ハイ〉
天祢 涼 都知事探偵・漆原翔太郎〈セシューズ・ハイ〉
麻見和史 石 の 繭〈警視庁殺人分析班〉
麻見和史 蟻《あり》の階段〈警視庁殺人分析班〉
麻見和史 水晶の鼓動〈警視庁殺人分析班〉
麻見和史 虚空の糸〈警視庁殺人分析班〉
麻見和史 聖者の凶数〈警視庁殺人分析班〉
麻見和史 女神の骨格〈警視庁殺人分析班〉
麻見和史 蝶の力学〈警視庁殺人分析班〉
麻見和史 雨色の仔羊〈警視庁殺人分析班〉

講談社文庫　目録

五木寛之　百寺巡礼　第二巻　北陸
五木寛之　百寺巡礼　第三巻　京都I
五木寛之　百寺巡礼　第四巻　滋賀・東海
五木寛之　百寺巡礼　第五巻　関東・信州
五木寛之　百寺巡礼　第六巻　関西
五木寛之　百寺巡礼　第七巻　東北
五木寛之　百寺巡礼　第八巻　山陰・山陽
五木寛之　百寺巡礼　第九巻　京都II
五木寛之　百寺巡礼　第十巻　四国・九州
五木寛之　海外版　百寺巡礼　インド1
五木寛之　海外版　百寺巡礼　インド2
五木寛之　海外版　百寺巡礼　朝鮮半島
五木寛之　海外版　百寺巡礼　中　国
五木寛之　海外版　百寺巡礼　ブータン
五木寛之　海外版　百寺巡礼　日本・アメリカ
五木寛之　青春の門　第七部　挑戦篇
五木寛之　青春の門　第八部　風雲篇
五木寛之　親鸞　青春篇 (上)(下)
五木寛之　親鸞　激動篇 (上)(下)
五木寛之　親鸞　完結篇 (上)(下)
五木寛之　五木寛之の金沢さんぽ
井上ひさし　モッキンポット師の後始末
井上ひさし　ナ　イ　ン
井上ひさし　四千万歩の男　全五冊
井上ひさし　四千万歩の男　忠敬の生き方
井上ひさし　黄金《きん》の騎士団 (上)(下)
井上ひさし　一分ノ一 (上)(中)(下)
井上ひさし・司馬遼太郎　新装版　国家・宗教・日本人
池波正太郎　私　の　歳　月
池波正太郎　よい匂いのする一夜
池波正太郎　梅安料理ごよみ
池波正太郎　わが家の夕めし
池波正太郎　新装版　緑のオリンピア
池波正太郎　新装版　殺しの四人〈仕掛人・藤枝梅安(一)〉
池波正太郎　新装版　梅安蟻地獄〈仕掛人・藤枝梅安(二)〉
池波正太郎　新装版　梅安最合傘〈仕掛人・藤枝梅安(三)〉
池波正太郎　新装版　梅安針供養〈仕掛人・藤枝梅安(四)〉
池波正太郎　新装版　梅安乱れ雲〈仕掛人・藤枝梅安(五)〉
池波正太郎　新装版　梅安影法師〈仕掛人・藤枝梅安(六)〉
池波正太郎　新装版　梅安冬時雨〈仕掛人・藤枝梅安(七)〉
池波正太郎　新装版　忍びの女 (上)(下)
池波正太郎　新装版　殺しの掟
池波正太郎　新装版　抜討ち半九郎
池波正太郎　新装版　娼婦の眼
池波正太郎　近藤勇白書〈レジェンド歴史時代小説〉(上)(下)
井上　靖　楊　貴　妃　伝
石牟礼道子　新装版　苦《く》海《がい》浄《じょう》土《ど》〈わが水俣病〉
いわさきちひろ　ちひろのことば
いわさきちひろ・松本猛　いわさきちひろの絵と心
いわさきちひろ・絵本美術館編　ちひろ・子どもの情景〈文庫ギャラリー〉
いわさきちひろ・絵本美術館編　ちひろ・紫のメッセージ〈文庫ギャラリー〉
いわさきちひろ・絵本美術館編　ちひろの花ことば〈文庫ギャラリー〉
いわさきちひろ・絵本美術館編　ちひろのアンデルセン〈文庫ギャラリー〉
いわさきちひろ・絵本美術館編　ちひろ・平和への願い〈文庫ギャラリー〉
石野径一郎　新装版　ひめゆりの塔
今西錦司　生　物　の　世　界
井沢元彦　義　経　幻　殺　録

講談社文庫　目録

石川智健　60《ロクジュウ》〈誤判対策室〉
石川智健　第三者隠蔽機関
戌井昭人　ぴんぞろ
石田　千　きなりの雲
井上真偽《まぎ》　その可能性はすでに考えた
井上真偽　聖女の毒杯〈その可能性はすでに考えた〉
井上真偽　恋と禁忌の述語論理《プレディケット》
泉　ゆたか　お師匠さま、整いました！
伊兼源太郎　地検のS
内田康夫　シーラカンス殺人事件
内田康夫　パソコン探偵の名推理
内田康夫　「横山大観」殺人事件
内田康夫　江田島殺人事件
内田康夫　琵琶湖周航殺人歌
内田康夫　夏泊殺人岬
内田康夫　「信濃の国」殺人事件
内田康夫　風葬の城
内田康夫　透明な遺書
内田康夫　鞆《とも》の浦《うら》殺人事件
内田康夫　終幕《フィナーレ》のない殺人
内田康夫　御堂筋殺人事件
内田康夫　記憶の中の殺人
内田康夫　北国街道殺人事件
内田康夫　「紅藍《くれない》の女《ひと》」殺人事件
内田康夫　「紫《むらさき》の女《ひと》」殺人事件
内田康夫　藍色回廊殺人事件
内田康夫　明日香の皇子
内田康夫　華の下にて
内田康夫　博多殺人事件
内田康夫　黄金の石橋
内田康夫　金沢殺人事件
内田康夫　朝日殺人事件
内田康夫　湯布院殺人事件
内田康夫　釧路湿原殺人事件
内田康夫　貴賓室の怪人〈「飛鳥」編〉
内田康夫　イタリア幻想曲　貴賓室の怪人2
内田康夫　靖国への帰還
内田康夫　若狭殺人事件
内田康夫　化生の海
内田康夫　不等辺三角形
内田康夫　ぼくが探偵だった夏
内田康夫　怪談の道
内田康夫　逃げろ光彦〈内田康夫と5人の女たち〉
内田康夫　皇女の霊柩
内田康夫　悪魔の種子
内田康夫　戸隠伝説殺人事件
内田康夫　歌わない笛
内田康夫　新装版　死者の木霊
内田康夫　新装版　漂泊の楽人
内田康夫　新装版　平城山《ならやま》を越えた女
内田康夫　秋田殺人事件
内田康夫　孤道
和久井清水　孤道　完結編〈金色の眠り〉
歌野晶午　死体を買う男
歌野晶午　安達ヶ原の鬼密室
歌野晶午　新装版　長い家の殺人
歌野晶午　新装版　白い家の殺人

講談社文庫　目録

歌野晶午　新装版　動く家の殺人
歌野晶午　密室殺人ゲーム王手飛車取り
歌野晶午　新装版　ROMMY　越境者の夢
歌野晶午　増補版　放浪探偵と七つの殺人
歌野晶午　新装版　正月十一日、鏡殺し
歌野晶午　密室殺人ゲーム2.0
歌野晶午　密室殺人ゲーム・マニアックス
歌野晶午　魔王城殺人事件
内館牧子　終わった人
内田洋子　皿の中に、イタリア
宇江佐真理　泣きの銀次
宇江佐真理　晩　鐘〈続・泣きの銀次〉
宇江佐真理　虚　ろ　舟〈泣きの銀次参之章〉
宇江佐真理　室の梅〈おろく医者覚え帖〉
宇江佐真理　涙　堂〈琴女《ことじょ》癸酉《きゆう》日記《にっき》〉
宇江佐真理　あやめ横丁の人々
宇江佐真理　卵のふわふわ　八丁堀喰い物草紙・江戸前でもなし
宇江佐真理　日本橋本石町やさぐれ長屋
浦賀和宏　眠りの牢獄

浦賀和宏　時の鳥籠(上)(下)
浦賀和宏　頭蓋骨の中の楽園(上)(下)
上野哲也　ニライカナイの空で
上野哲也　五五五文字の巡礼〈魏志倭人伝トーク　地理篇〉
魚住　昭　渡邉恒雄　メディアと権力
魚住　昭　野中広務　差別と権力
魚住直子　非・バランス
魚住直子　未・フレンズ
魚住直子　ピンクの神様
上田秀人　密　封〈奥右筆秘帳〉
上田秀人　国　禁〈奥右筆秘帳〉
上田秀人　侵　蝕〈奥右筆秘帳〉
上田秀人　継　承〈奥右筆秘帳〉
上田秀人　纂《さん》　奪《だっ》〈奥右筆秘帳〉
上田秀人　秘　闘〈奥右筆秘帳〉
上田秀人　隠　密〈奥右筆秘帳〉
上田秀人　刃　傷〈奥右筆秘帳〉
上田秀人　召《めし》　抱《かかえ》〈奥右筆秘帳〉
上田秀人　墨《ぼっ》　痕《こん》〈奥右筆秘帳〉

上田秀人　天　下〈奥右筆秘帳〉
上田秀人　決　戦〈奥右筆秘帳〉
上田秀人　前　夜〈奥右筆外伝〉
上田秀人　軍師の挑戦〈上田秀人初期作品集〉
上田秀人　天主信長〈表〉〈我こそ天下なり〉
上田秀人　天主信長〈裏〉〈天を望むなかれ〉
上田秀人　波　乱〈百万石の留守居役㈠〉
上田秀人　思　惑〈百万石の留守居役㈡〉
上田秀人　新　参〈百万石の留守居役㈢〉
上田秀人　遺　臣〈百万石の留守居役㈣〉
上田秀人　密　約〈百万石の留守居役㈤〉
上田秀人　使　者〈百万石の留守居役㈥〉
上田秀人　貸　借〈百万石の留守居役㈦〉
上田秀人　参　勤〈百万石の留守居役㈧〉
上田秀人　因　果〈百万石の留守居役㈨〉
上田秀人　忖《そん》　度《たく》〈百万石の留守居役㈩〉
上田秀人　騒　動〈百万石の留守居役㈪〉
上田秀人　分　断〈百万石の留守居役㈫〉
上田秀人　舌　戦〈百万石の留守居役㈬〉

2020年9月15日現在